ダウ理論を補強する複数時間軸とテクニカル指標の使い方

相場の壁とレンジで稼ぐ FX

改訂版

田向宏行

Tamukai Hiroyuki

自由国民社

相場の壁とレンジを使って積極的な取引と収益を目指す

　本書を手に取っていただき、ありがとうございます。

　この本に興味を持ったということは、ＦＸや投資で儲けたい、と考えているのだと思います。それはすばらしいことで、あなたの人生が変わるかもしれません。

　ＦＸのような金融投資（トレーディング）は、年齢・性別・学歴・経験・国籍・資格など一切を問いません。誰でも「相場で収益を追求」することができます。

　相場には大小無数の「壁」があります。この壁で値動きが止まったり、反転したり、ときには加速したりします。壁と壁の間は値動きが不規則なレンジとなります。こうした相場のしくみを知っていると、どこが取引タイミングか、どこは手控えるべきかが見えるようになります。

　また、壁を理解すると、ダウ理論の弱点とされる部分が実は時間軸の視点が足りなかったことや、市場参加者心理に欠けていることに気が付きます。どんなテクニカルでも100％うまくいくわけではありませんが、壁を理解すると値動きを合理的に判断できるようになってきます。壁は値動きと時間軸を俯瞰的にとらえることで見えてくるからです。

　相場の値動きに対する理解度が上がると、取引戦略も柔軟にできます。相場のさまざまな状況を推測できると、戦略を立てることでチャートに張り付く必要もありません。相場のニュースや値動きに一喜一憂することなく収益を狙える、ということです。**相場分析力が上がることで確立した金融取引の技術はあなただけの無形資産です。**

技術習得は簡単ではありませんが、金銭的自由や時間的自由を得られる可能性を考えれば、今からトレーディングを学ぶ価値は十分にあるでしょう。ただし、何から始めるかが一番大切です。投資を始めた多くの人が基礎を学ばず自己流で遠回りし、資金を失って離れていきます。世界中の金融機関やプロが参加する市場で、素人が生き残れないのは当たり前です。しかし、適切な成長方法とステップを踏むと誰でも個人投資家となれます。

　ＦＸは差益を狙う取引なので、「どこで入って、どこで出るか」という戦略を決めて実行するだけです。頭脳勝負の世界で、事前の戦略がすべてです。売買の差額で利益が得られればよいので、上がる相場でも、下がる相場でも利益を狙えます。これはとても重要で、**日本の株価や不動産価格が暴落しようと、不況になろうと、どんな状況でも差益を狙うことができます。**

　もちろんＦＸの取引技術を習得して安定的に利益を得られるようになるには、少し時間がかかります。どんな分野でも技術習得とはそういうものでしょう。修行期間が必要です。これまでの社会経験や知識と、金融取引で利益を得られるようになる技術は、まったく違います。この区別ができない人が安易に自己流で始めて資金を失います。

　技術習得で共通するのは、一人前になるには時間と経験が必要ということです。人生ではじめて外国語を習ったり、スポーツを始めたり、楽器に触れたときのことを思い出してください。仕事を始めたときもそうかもしれません。その日から現在のように他人から認められるぐらいになるには、ある程度の時間がかかっていて、少しずつ段階的に成長してきたはずです。

　イメージしやすいのは自動車の運転でしょう。教習所で段階に応じて教官の合格点をもらって次のステップに進んできたはずです。焦っ

たり、慌てたり、教官に注意されたりしながらも、ほとんどの人は車の運転ができるようになります。ＦＸでも同じことです。適切な段階を踏めば、ある程度の利益を積み上げることは誰にでもできますし、私はそうした例をたくさん見ています。

　金融投資は基本を十分に理解したうえで、自分流が確立すると簡単になります。迷いや悩みがなくなるからです。淡々と収益を得ることで、自由な時間も増えます。相場取引の技術は、私の半世紀の人生の中でも最も有益なもののひとつです。経済的、時間的に拘束されないということは、とても大きな恩恵を与えてくれます。

　本書では、2017年に上梓した『１日２回のチャートチェックで手堅く勝てる兼業ＦＸ』や2018年に上梓した『ずっと使えるＦＸチャート分析の基本』（いずれも自由国民社）に続き、さらに積極的で効率的な取引と収益を目指すため、相場の壁とレンジを使って取引タイミングを精査しようとする考え方を提示しています。

　壁とレンジの使い方を深く知ると、日足や週足のような長い時間軸だけでなく、15分足、５分足という短い時間軸でも相場の動きが見えて自在な取引が可能になります。

　適切な取引タイミングや値動きのしくみがわかるということは、自分の空いている時間やライフスタイルに合わせて取引できる、ということです。読者のひとりひとりが自分に合った方法を探すお手伝いができれば、著者としてはとてもうれしく、ＦＸ仲間が増えることを歓迎します。

2019年10月

田向宏行

改訂にあたって
──相場の壁とレンジを使ってさらに大きな収益を目指す

　この本はＦＸ技術書の３冊目で、応用編になっています。１冊目として2017年に発売した『１日２回のチャートチェックで手堅く勝てる兼業ＦＸ』（自由国民社）を執筆したときは、このようなシリーズ化の予定はありませんでした。

　読者のみなさんからのご支持や多くのご要望を頂き、２冊目、３冊目とより高度で実戦的な内容へと広げてきました。このため既存の１冊目と２冊目を読み、基本を理解していないと難しいと感じる部分もあります。そのためか実は本書はそれほど売れず、書籍版は第２刷を完売したもののそれ以上の増刷はなく、品切れのままとなりました。

　しかしＦＸ習得に熱心な方々が定価より高くなっている中古本を購入されているとのことで、電子版の発売を開始しました。それでも「本に書き込んで勉強したい」という方々から書籍版を望む声が強く、今回の改訂版に至っています。

　拙著の読者には、2022年に年億（年間収益が１億円超え）した人（Ｙ．Ｉ氏）もいます。「シリーズの中で本書がもっとも有益です。ボロボロになるまで本を読み込み、さらに書き込んで勉強しました」と某月刊誌の対談で話してくれています。

　その後に、高収益のお礼を伝えたいと私を訪ねてきてくれた彼と

は、トレード仲間としてお付き合いさせていただき、私も若い彼から多くの刺激をもらっています。

　シリーズ1冊目にも記述した通り、日本経済の環境は変化し、チャート提供を頂いた会社の合併や、インフレが起こることとなりました。しかし**トレーダーの仕事は何も変わりませんし、値動きの仕組みも変わることはありません。**
　本書がＦＸで大きな収益を狙うための技術習得のお役に立てることを祈りつつ、できれば何度か読み返して使い込んでいただければ、最高の喜びです。

　2023年3月

田向宏行

もくじ

1章 取引タイミングを探す マルチタイムの視点

2章 トレードのコツは 相場の壁を見つけること

3章 相場の壁を意識した ＦＸトレードの実践

4章 | ダウ理論を
テクニカル指標で補強する

5章 | すべての技術を使い
あらゆる場面でトレードする

1章

取引タイミングを探す
マルチタイムの視点

FXで
儲けるために
必要なこと

相場の動きに敏感に反応する

取引タイミングは投資家の「永遠の課題」

≫テクニカルはトレンド判断をしやすくしてくれる

　ＦＸ取引で利益を得るには、**①値動きの方向性と自分のポジションが合っている、②取引タイミングがよい、**このいずれかが必要です。この２つがともにできていることがベストで、ポジションを持った途端に利益になり、その後も利益がグングン増えていきます。トレンドに絶妙のタイミングで乗ったということです。まさに理想的で、ハッピーな取引です。

　私もこうした理想を目指して取引していますが、毎回うまくいくわけではありません。それでも、この２つのどちらかができていれば、利益を取ることができます。

　特に**①のトレンドの判断、つまり値動きの方向性を間違わなければ、多少タイミングが悪くてもトレンドが自分のポジションを助けてくれます。**だから私はトレンドが好きですし、トレンドを探します。そして私がテクニカルをおすすめするのもこのためで、テクニカルは、私のような素人の個人投資家でも方向性の判断をしやすくしてくれます。

　ただし、資金管理は重要です。実効レバレッジが10倍を超えるとかなり危険です（次章参照）。

≫相場の動きが変わるタイミングに敏感になる

　相場の方向性は相場で利益を得るために大事ですが、それ以上に売

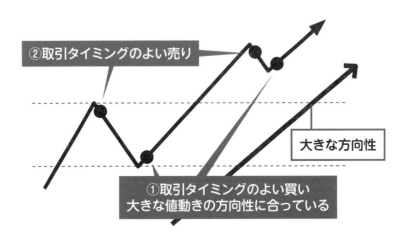

図1. 理想的な取引のイメージ

②取引タイミングのよい売り

大きな方向性

①取引タイミングのよい買い
大きな値動きの方向性に合っている

り買いのタイミングが合っていれば、理論上はどんなときでも利益を追求できます。あくまで、理論上ですが……。

　トレーディングが上手な人は**図1**の①で大きなトレンドに乗って利益を得ることはもちろん、②のトレンド相場で起こる一時的な調整や巻き戻し、つまり短期的な逆方向への動きでも、タイミングが絶妙なら小さな利幅を取ることができます。これは、より短い時間軸の反対方向へのトレンドに乗っていることになります。ただし、1時間足や15分足といった短い時間軸のトレンドに乗るのは簡単ではありません。つまり**時間軸を自在に使いこなす技術が必要**になってきます。本書では、この点に注目していきます。

　ＦＸ取引でのタイミングは、取引開始時と取引終了時の２つあります。ただし、トレーダーは３つのタイミングを考える必要があります。

　取引開始時のタイミングは、**ポジションを持つタイミング、つまり①エントリー・タイミング**です。あとの２つは保有するポジションの決済です。**決済は、②利益確定のタイミング**か、**③損切りのタイミング**のどちらかになります。うまくいけば利益確定の決済ですし、損失

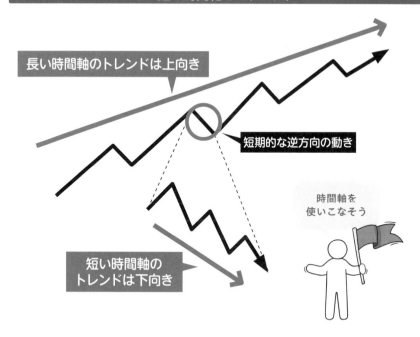

図2. 短い時間軸でのトレンド

長い時間軸のトレンドは上向き

短期的な逆方向の動き

短い時間軸の
トレンドは下向き

時間軸を
使いこなそう

になっていれば損切りとなります。

≫有利なタイミングはリスクマネジメントが大切

　値動き分析において、**ダウ理論**という世界中のトレーダーが考え方の基本としている理論があります。トレンドの判断基準が明確に示されており、値動きの考え方の基本となるため、多くのトレーダーのポジションもダウ理論によって構築されやすくなります。

　トレードで有利なタイミングは、ダウ理論のレンジ内にある場合がほとんどです。ダウ理論では手を出さない領域です。つまり**売り手と買い手の力関係がまだはっきりしない状態でエントリーする**わけです。当然リスクが増えるので、このリスクを減らす考え方を加えることになります。本書では、これまでのダウ理論に加え、取引タイミングに焦点を当てつつ、より効率的な取引を考えていきます。

　よって本書は、従前の私の著書より高度になっています。そのため、

図3. 取引タイミング3つの例

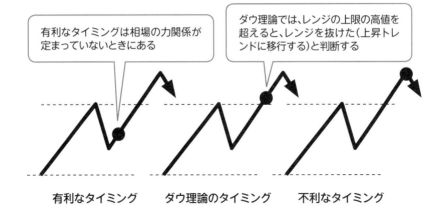

有利なタイミングは相場の力関係が
定まっていないときにある

ダウ理論では、レンジの上限の高値を
超えると、レンジを抜けた（上昇トレ
ンドに移行する）と判断する

有利なタイミング　　ダウ理論のタイミング　　不利なタイミング

すでに基本を理解していることを前提にしています。

　まだ前著をお読みでない方は、ぜひ前著をお読みください。ダウ理論の基本や相場の値動きのしくみを理解しやすくなると思います。

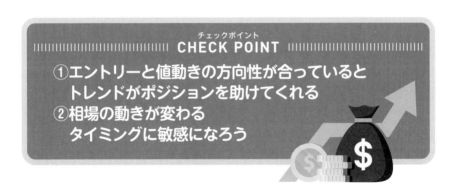

チェックポイント
CHECK POINT

①エントリーと値動きの方向性が合っていると
　トレンドがポジションを助けてくれる
②相場の動きが変わる
　タイミングに敏感になろう

時間軸で異なる取引タイミング

時間軸によってトレンドと
レンジは見え方が違う

≫ トレンド相場は誰でも利益が得られやすい

トレンド相場は誰でも利益が得られやすくなります。相場格言でも、**「トレンドは友達」**（Trend is friend）といわれるように、古くから日本でも海外でもトレンド相場は重視されます。

一方で、レンジ相場は方向感がなく、上昇したかと思えば下落したり、下げ基調かと思えば急反発したりして難しい相場です。ただ、トレンドが正しくレンジが悪、ということではありません。相場の値動きを決める売り手と買い手の状況が違うことで、「トレンド」ができたり、「レンジ」ができたりします。

また、「トレンド」と「レンジ」の関係は密接です。トレンドはレンジブレイクの継続だからです。**短い時間軸では「レンジ」と思われた相場が、長い時間軸では「トレンドの一部」となる**場合や、逆に「大きなレンジ」の中に短い時間軸の「トレンド」がある場合もあります。

こうした時間軸を含めたトレンドとレンジの関係を理解すると、相場全体の動きが見えてきて取引タイミングもつかみやすくなります。

≫ 自分の立ち位置によって相場の見方が違ってくる

事例を見てみましょう。

2019年は1月3日にドル円・クロス円でフラッシュクラッシュが起こり、急激な円高で幕を開けました。

週足では**図4**のように、110.381（**図内①**）を12月24日に下抜け

図4. 週足チャートで見るドル円の1月3日急落時の値動き

〈ドル円 週足 2018年8月〜2019年6月〉

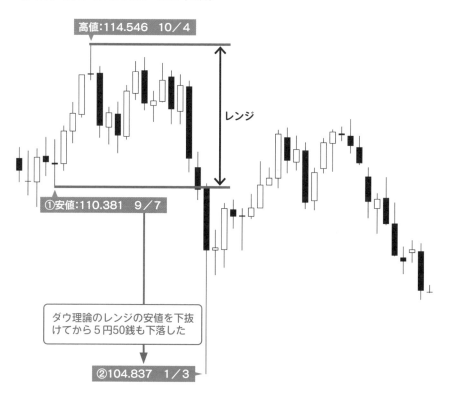

てから104.837（**図内②**）まで、約5円50銭も下落しました。レンジブレイクなのでダウ理論のとおりの動きです。特に1月3日の107円ミドルからの下落は急激でした。

　このときの動きを、週足から日足に時間軸を変えて見ると次ページの**図5**のようになります。日足では、レンジの下限だった12月6日安値（**図内③**）を12月19日に下抜けて下落トレンドになっています。

　先ほどの週足とこの日足ではレンジが違います。1月3日以前のレンジを見た場合、週足では9月7日の110.381が、日足では12月6日の112.233がレンジの安値となっています。

　時間軸が違うので値動きの幅が違い、レンジも違うのです。自分の

図5. 日足チャートで見るドル円の1月3日急落時の値動き

〈ドル円　日足　2018年11月〜2019年1月〉

高値:113.819　12／3

レンジ

ダウ理論のレンジの安値を下抜けてからも安値更新し下落トレンドを継続させていた

③安値:112.233　12／6

111.407

109.989

104.837　1／3

立ち位置や時間軸で相場の見え方、動くタイミングが違ってきます。

≫時間軸で取引注文の値段やタイミングが変わる

　少し脱線しますが、**図6**は前ページの**図4**の週足のレンジと**図5**の日足チャートレンジを併記しています。すると週足のレンジ（9月7日と10月4日）の中には日足の高値や安値がいくつもあることがわかります。こうした高値安値の中のどれを選択するかで、取引注文の値段もタイミングも違ってきます。

　日足の動きを見ると、2018年末に直近のレンジ下限である12月6日安値（**図内④**）をブレイクして下落。その後一度少し戻りますが、

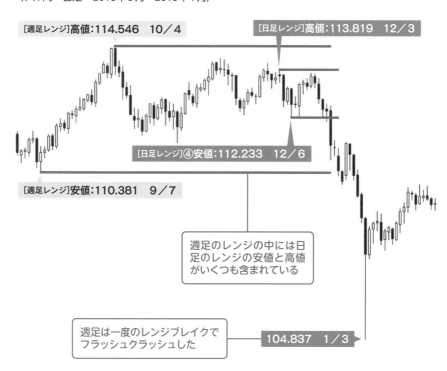

図6. 日足チャートで見る週足レンジと日足レンジの比較

〈ドル円　日足　2018年9月〜2019年1月〉

[週足レンジ]高値:114.546　10／4

[日足レンジ]高値:113.819　12／3

[日足レンジ]④安値:112.233　12／6

[週足レンジ]安値:110.381　9／7

週足のレンジの中には日足のレンジの安値と高値がいくつも含まれている

週足は一度のレンジブレイクでフラッシュクラッシュした

104.837　1／3

その後に安値更新も起こり下落トレンド継続の中で１月３日を迎えます。一方、**図４**で見ると週足は一度のレンジブレイクでフラッシュクラッシュを迎えます。

　日足や週足はレンジを下抜けて大きく下げますが、時間軸を変えると次ページの**図７**を見てわかるとおり、月足はそうではありません。ドル円の年間の変動幅がだいたい10円くらいなのに対し、この数週間で５円以上の動きをしています。

　しかし、月足は**図７**のように、2015年11月の高値123円台（**図内⑤**）と2016年６月の安値98円台（**図内⑥**）のレンジ内です。このため、この年末年始の動きは円で囲んだように、まさに月足レンジの中です。月足なので、2017年夏ごろ、『１日２回のチャートチェックで手堅く

図7. 月足チャートで見るドル円の1月3日急落時の値動き

〈ドル円 月足 2015年9月〜2019年6月〉

[月足レンジ]⑤高値：123.719 2015年11月

[週足レンジ]
高値：114.546 2018年10月

レンジ

[週足レンジ]
安値：110.381 2018年9月

104.837 2019年1月

[月足レンジ]⑥安値：98.907 2016年6月

月足で見ると、2015年11月の高値と2016年6月の安値のレンジが現在も続いている

勝てる兼業FX』を執筆していたときに、ダウ理論に基づいてチャート分析して記述したとおりのレンジ（123円台と98円台）がずっと継続しているわけです（このレンジは2022年3月に上抜けました）。

　このようにフラッシュクラッシュ前後の同じ値動きでも、日足、週足、月足のように切り取る時間軸が違えば、レンジの中の動きだったり、トレンドだったりします。これにより取引タイミングが違ってきます。

　今回は、日足、週足、月足の事例を示しましたが、時間軸と自分の関係は、どの時間軸でも同じです。**時間軸の違いが、自分の相場に対する立ち位置の違いとなり、チャートの見え方の違い、方向性の違いとなって、取引タイミングが違ってくる**のです。だからこそ、**自分の判断基準となる立ち位置を定めておくことが大事**なのです。

FXはトータルで収益を出せばよい

失敗してもマインドをリセット
して潔い取捨選択を目指す

≫100%うまくいくFX取引の方法などない

　FXトレーディングでは、テクニカル指標に従っていても、うまくいかない場面が必ずあります。どんなときにも利益を提供してくれる完璧なテクニカル指標はありません。

　性格的にのんびりした人は「まぁ、いいか」と失敗することがあっても同じものを使い続けるかもしれませんが、真面目で研究熱心な人ほど、検証して修正を加えたりします。私は後者のタイプでした。

　日常生活では、うまくいかないことがあれば、検証・修正して次に備えますが、投資ではこれが逆効果になる場合があります。

　例えば、自分の使うテクニカル指標がうまく動かないと、さらにテクニカル指標を追加して、自分のチャートや手法に修正を加えてしまいがちです。**失敗を防止するために何かを追加する発想では、チャートに表示させるテクニカル指標がどんどん増えます**。そしてチャートは肥大化して複雑になり、自分でもわかりにくいトレード方法や相場判断になっていきます。

　この修正を加える考え方は、FX取引で完璧を目指しているのだと思います。損を嫌い、お金を失いたくないから、無意識に100%うまくいく方法を求めてしまうのかもしれません。

　しかし、FX取引で100%成功するのは、現実的に不可能です。**FXや金融取引では、損失を被る場面が必ずあることを自分で認めることが大切**です。損失に慣れる、ということです。収益を得るための経

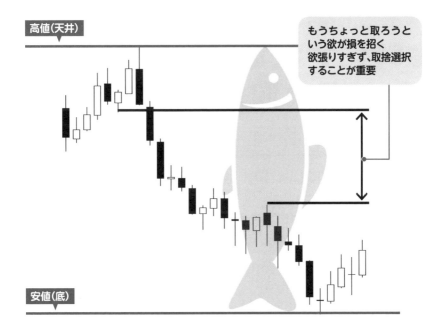

図8. 投資格言「頭と尻尾はくれてやれ」

高値（天井）

もうちょっと取ろうという欲が損を招く
欲張りすぎず、取捨選択することが重要

安値（底）

費（コスト）として受忍するのです。そのうえで、何度か取引をする中で、トータルで収益を出していくことがFXトレーディングです。

≫値動きだけでなく手法も取捨選択する

相場格言にも**「頭と尻尾はくれてやれ」**とあるように、相場の値動きの全部までは取れないことは明らかです。完璧なトレーディングはないのです。

この**図8**のイメージ図は少し尻尾が大きいかもしれませんが、「もうちょっと取ろう」と思う欲が、損を招いたりします。**欲張り過ぎず、潔く取捨選択する**ことは、とても大事なのです。こうして考えられるようになると、取引全体が変わってきます。FXでうまくいくためには、「マインド」も大きな要因といえます。

考え方（マインド）の転換、例えば、今回のような「切り捨て」や「取

捨選択」は値動きについてだけではありません。取引方法でも同じです。さまざまな取引方法を知っているから儲かるわけではありません。知識があるから利益になるわけでもありません。

　何かひとつでも、**一定の確率で儲けられる方法を身に着け、ほかの方法は「切り捨て」て、淡々と同じことを繰り返すだけで利益は残ります。**

　特にＦＸを始めて間もない段階では、こうした取捨選択のアプローチをしたほうが、ひとつのテクニカル指標に精通します。そして**ひとつの方法で経験を積むたびにトレードノウハウも蓄積していきます。**時間軸を固定するのも同様の考え方です。

　たしかに、相場はいくらでも儲けるチャンスがありますし、さまざまな方法で利益を得ている人がいっぱいいます。しかし他人と比べても意味がありません。重要なのは自分の収益です。カタログ的なテクニカル紹介に惑わされやすいですが、何かを選んで自分の道を進むために腹をくくることが大事です。

≫ 不都合な事態は必ず起こり得ると理解する

　ＦＸだけでなく、株でも投資信託でも、不動産でも、何かひとつのものに賭けて失敗できない状況になるのは、もはや投資でもトレーディングでもありません。ただの丁半博打です。一か八かの勝負をしていることになり、ギャンブルになってしまいます。

　自分に不都合が起こらないように祈るのではなく、**不都合な事態は必ず起こり得ると腹をくくりましょう。**そのうえで、トータルで収益を得るように考えるのが戦略ですし、投資戦略とはそういうものでしょう。こうした**「マインド」のリセットができると、明らかに成長が早まります。知識や技術の習得には、考え方の転換も重要な要素**なのです。

安値と高値は両勢力の均衡点

売り手と買い手の力関係で相場は動く

≫取引は売り手と買い手の存在で成り立つ

　ＦＸだけでなく、すべての金融市場、そして私たちの日常で訪れる家電量販店やラーメン屋も、売り手と買い手の存在で成り立っています。これがすべての取引の基本です。

　売り手がいなければほしいものは手に入りませんし、買い手がいなければ売ることができません。当たり前の話です。

　また売り手が多く、買い手が少なければ、売り手は値段を下げるので安い値段で取引が成立します。逆に買い手が多い場合は買い手が競争して高値で取引が成立します。「値段」はこうして決まります。そして、この繰り返しで「値動き」ができています。

　この「取引」の最も基本的なことを、金融市場に関しては忘れてしまう人がたくさんいます。

≫相場を動かしているのは売り手と買い手

　さて、私たちはＦＸ取引をして利益を狙うわけですが、相場を動かしているのは、誰でしょう。

　ヘッジファンド？　ミセスワタナベ（日本の個人投資家）？　機関投資家？　トヨタ自動車やＧＭのような事業会社？

　これらは市場参加者に違いありませんが、相場を動かす力を持っているわけではありません。何しろ為替市場は１日で500兆円以上が動く世界最大の巨大市場です。この市場を恣意的に動かす資金を持って

いる人はおそらく世界中のどこにもいません。

　ということは、この疑問の答え、つまり**相場を動かしているのは誰かとは、単純に相場の売り手と買い手と考えるべき**でしょう。

　日本が円高不況で苦しんでいたとき、日銀は市場介入して毎日数兆円もの巨額を投じてドル円を買い支えようとしました。しかし、市場の売り手のほうが多ければドル円相場は下がっていきます。

　理由は、日銀が投じたドル買い円売りより、為替市場の参加者のドル売り円買いのほうが多かったからです。とてもシンプルです。こうした事例は、ジョージ・ソロス対イングランド銀行（ポンド危機）など、いくつもの例があります。

≫高値や安値は売り手と買い手の均衡点

　この「売り手と買い手の関係」という単純な事実が、値動きを分析する際にはとても重要です。つまり**相場の先行きを考えるには、この力関係がどうなっているかを知ることがすべて**です。なぜなら、買い手優勢とわかれば、自分も買いポジションを持てば相場の波に乗れますし、売り手優勢なら自分も売れば儲かります。まさに「寄らば大樹の陰」です。

　もう少し、この点を踏み込んで考えてみましょう。

　ダウ理論はトレンドを明確に定義していて、高値と安値に注目します。**高値や安値が注目されるのは、それが相場の売り手と買い手の均衡点だから**です。

　相場は売り手が優勢なら値を下げ、買い手が優勢なら上昇します。ただ、売り手と買い手が均衡した場合、つまり売りと買いの力、取引量が同じになった場合だけは、そこで値段が止まります。

　高値は、買い手優勢で上昇してきた動きのところに売り手が増えて均衡したことによって、それ以上値段が上がらなくなり、結果として高値になります。安値はこの逆です。

≫売り手と買い手の力関係が定まらないレンジ内

このように値動きを考えると、高値から上には、売り手が多くいると考えられます。そして安値から下には買い手が待っていると考えられるわけです。だから、**高値や安値には意味がある**のです。

さらに、**高値、安値のいずれかを抜けるということは、売り手と買い手の均衡が崩れるので、相場が多数派の方向に動きトレンドが発生する可能性が出てきます。**逆に高値と安値の間は、売り手と買い手がそれぞれ優勢になったり、劣勢になったりする状態です。これが**レンジ相場**です。

図9. レンジ内は売り手と買い手の力関係が定まらない

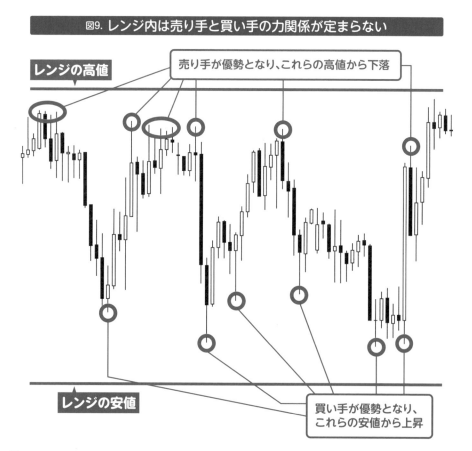

　相場の力関係を考えると、レンジ内ではどちらに動くかわからず、取引しにくい理由もわかってきます。特に**レンジ内は売り手と買い手の力関係がどこで変わるかがわかりません**。上がると思ったら下げたり、下落に傾いたと思ったら一気に戻されたりという動きがレンジ内で起こりやすい理由は、売り手と買い手の力関係が定まっていない点にあります。この点を知るためには、時間軸の視点が必要です（次章参照）。

≫相場の方向はレンジブレイクで決まる

　また、ＦＸは相対取引です。株式取引のような取引所はありません。ということはすべての取引を集約管理することはできず、結果として**正確な取引量を把握することは世界中の誰にもできません**。

　どれくらいのポジションが売られているのか、その中のどれくらいが決済されるのか、新規の反対売買はどれくらいか、ＦＸではこうした取引量を知る人はいないのです。値動きで推測するしかありません。

　ＩＭＭポジションは通貨ペアではなく通貨単体の売り買いの結果ですし、先物市場に限定されています。

　また、近頃はいくつかのＦＸ会社がオーダー状況を開示しています。株式市場の板情報のようなもので、どの辺に売りオーダーが厚い、この辺には損切りがある、などと推測することができそうです。

　ただし、これもその会社の顧客のオーダー状況に過ぎず、為替市場全体のオーダー状況を示すものはどこにもありません。ということはこの会社の顧客が例えば日本人とか、どこかに偏っていたとしたら、そのオーダー状況を為替市場全体の動きだと考えるのは危険かもしれません。

　レンジブレイクという明らかな力関係の勝負がついたタイミングを迎えるまでは、方向感がない相場の先行きは誰にもわからないのです。

レンジブレイクで相場の方向が決まる

多数派の動きに便乗する 高値買い・安値売り

≫高値は買え、安値は売れ

　私がまだ初心者の頃に読んだ投資本には、「高値は買え」「安値は売れ」と書いてありました。今から30年ぐらい前に初版が刊行されたこの本は、その後何度も改訂されていますが、あらゆるディーリングルームに座右の書として置かれている相場の基本だと書評にあったと思います。

　ただ、ＦＸを始めて２年ぐらい経った頃の私は、素直にそうは思えませんでした。そりゃ違うだろ。「押し安値を買い」「戻り高値を売る」だろう、と思っていました。しかし今になって、つまり少しトレーダーとして成長して、このプロがいっていたことがわかってきました。

　というのは、**相場の値動きに従うなら、「高値を買い」「安値を売る」ことが理屈に合っている**からです。

≫トレンドはレンジブレイクの繰り返し

　売り手と買い手の均衡が崩れて、どちらかに動き出すタイミングが高値や安値のブレイクです。

　図10のように下落トレンドは下方向へのレンジブレイクの繰り返しです。ここでは５つのレンジが重なっています。５回もレンジの安値ブレイクを繰り返しているから、下落トレンドになっているわけです。「安値を売る」ということは、売り手優勢の下げる動きに便乗するわけで、まさに、これまで何度か話をした「寄らば大樹の陰」です。

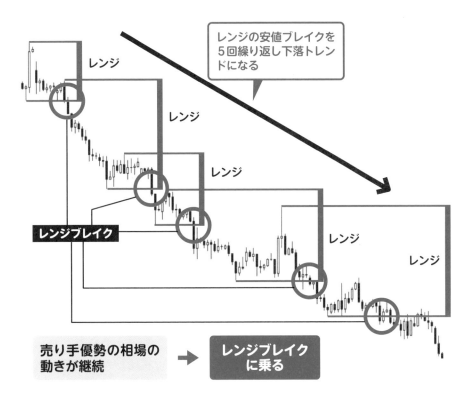

図10. トレンドはレンジブレイクの繰り返し

レンジの安値ブレイクを5回繰り返し下落トレンドになる

レンジ

レンジ

レンジ

レンジ

レンジ

レンジブレイク

売り手優勢の相場の動きが継続　→　レンジブレイクに乗る

　多数派をフォローするというのは、デリバティブ取引であるＦＸの特性にも合っているので、合理的な考え方ではないでしょうか。

　なお、当然ですが、上昇トレンドは逆の動きです。

チェックポイント
CHECK POINT

①買い手が優勢の上昇トレンドでは高値を買う
②売り手が優勢の下落トレンドでは安値を売る

29

トレンドの定義は人や指標によって異なる

トレンドの判断基準
ダウ理論は誰でも使える

≫多数派が相場の流れをつくる

　トレンド相場は、ＦＸ市場の参加者が買いか売りのどちらかに傾いている状態です。市場参加者の多数派の方向に上昇や下落の流れ（トレンド）ができていきます。よって、この多数派の流れに乗れば、誰でも簡単に利益を取りやすくなります。市場が一方向に傾いていて、その流れが続く限り値動きも拡大するので、利幅も狙えます。

　よいこと尽くめのトレンド相場ですが、**大事なのは、何を基準にトレンドだと判断し、何を基準にトレンドの終了を判断するかです。**

　トレンドが儲かるといわれながら、うまくいかない人がいるのは、**トレンドの細かな判断基準を不明確にしているから**です。

　実は、誰にでもわかるような強力なトレンドは、頻繁には起こりません。例えば、2012年から2015年のアベノミクス相場でドル円は80円から125円まで45円も上昇しました。2020年から2022年にかけても45円急上昇しています。こうした動きになると誰でもドル円を買っていれば儲かりました。しかし、この場面で大きく損をした人もいます。トレンドの判断は意外と難しいのです。

　まして、このような大きな相場は10年に一度ぐらいしかありません。**通常の取引では、（通貨ペアにもよりますが）５円から10円幅のトレンドが年に一度か二度発生するくらい**です。

　また、より小さな数円幅のトレンドはもう少し頻繁に起こりますが、**小さなトレンドほど見つけるのが難しくなってきます。**そこで、トレ

ンドの判断基準が重要になってきます。

　テクニカル指標を使う場合も、その指標によってトレンドの判断は違ってきます。「今、上昇トレンドだから」というようなコメントや意見がある場合、その人は何を根拠に「トレンド」といっているのかを確認する必要があります。立ち位置が違えば、自分とは違うものを見ている可能性が十分にあるからです。

　また、「トレンド」の判断基準を明確に説明できない人は、ファンダメンタルズなどから曖昧な判断をしている可能性もあります。誰かの意見を聞く際には、どのテクニカル指標で、どの時間軸で判断しているかは最低限確認したいところです。

》大きな流れの中で自分のポジションを持つ

　私がダウ理論をおすすめするのは、トレンドの定義がある点です。つまり判断基準が明確だということです。

　またダウ理論が世界中の多くのトレーダーにとってテクニカル分析の基本として考えられているということは、**多くのトレーダーのポジションも、ダウ理論に沿って構築されやすい**、ということです。つまり、ダウ理論を知っていると、世界中の市場参加者による大きな流れや巨大なポジションのかたまりの中に自分のポジションができるため、不意な動きによる損失を出しにくくなります。

　ダウ理論は誰でも身に着けやすく単純です。恥ずかしい話ですが、拙著のミスをブログのコメント欄で読者の方からいくつかご指摘いただきました。著書として間違った記述はもちろんいけないことで、読者の方へお詫びし、私のブログ「虹色ＦＸ」で随時修正を紹介しています。

　このような恥をさらしてでも知ってほしいのは、ダウ理論は理解すれば誰でも同じ判断基準を使える、ということです。だから私の記述ミスを読者の方が発見できるわけです。

自分の成長段階に合った方法を選択

収益という裏付けを得て次の取引方法へ進む

≫ 安定的に利益を得られるなら手法は何でもよい

　ＦＸを始めると、「トレンドフォローがよい」とか、「逆張りやナンピンはダメ」とか、「この時間軸がよい」とか、「このテクニカルが鉄板」などなど、「これがよい」とか、「これはダメ」といったさまざまな情報が入ってきます。

　さまざまな方法に手を広げずに、基本に従うことをおすすめしますが、一方で、「儲かるなら何をやってもよい」とも私は思っています。「おい、田向。今までとずいぶん違うじゃないか」と思う人もいるかもしれません。しかし、ＦＸは利益を狙う取引です。基本を理解したトレーダーが自分の取引方法をさらにブラッシュアップして利益が出ているなら、何の問題もありません。ＦＸ取引で利益を得る方法は千差万別なので、拙著でご案内する方法でなくても、**安定的に利益を得られるなら、手法は何でもよい**のです。

≫ トレーダーは段階に応じて成長する

　ただし、「何をやってもよい」というのは、誰でも何でも手当たり次第に試してみることをおすすめしているわけではありません。

　トレード技術の習得は、それぞれの段階に合ったことを学んでいかないと、結局は非効率で遠回りしてしまいます。初心者に上級者のテクニックを教えても使えませんし、中級者に初心者の注意点を話しても退屈します。

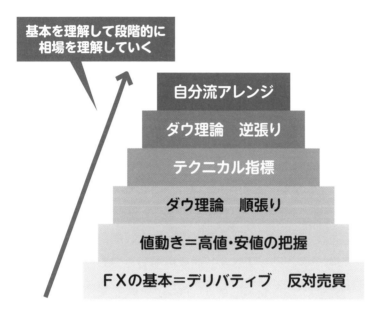

図11. 基本を経て自分流のトレードへ

基本を理解して段階的に
相場を理解していく

自分流アレンジ

ダウ理論　逆張り

テクニカル指標

ダウ理論　順張り

値動き＝高値・安値の把握

ＦＸの基本＝デリバティブ　反対売買

トレーダーは段階に応じて成長する！

　トレーダーは段階に応じて成長するものです。だからＦＸ取引をし
ている友人には、ＳＮＳで細かく相手の経験に合わせて説明します。
理解度が違う人を集めて同じように説明するのは向かないだろう、と
考えているからです。

　これまで私は、段階的成長のためには、まずは基本を、ということで、
あらゆるテクニカル分析の基本といえる「ダウ理論」を紹介してきま
した。また、「トレンドフォロー」の手法を紹介してきたのも、この
手法ならば誰でも利益を取りやすいからです。逆張りやナンピンが否
定されやすいのも、それは主に初心者向けのコメントなのでしょう。

≫成長や理解を収益という事実で裏付ける

　トレードの基本を理解している人や、ダウ理論を理解している人は、そのレベルから次の段階として、理屈に合ったさまざまな取引方法を考えることができます。手法を真似れば儲かる、というものではありません。つまり、**経験を積み、相場の理解が深まると、自然といろいろな方法で利益を追求できるようになる**のです。これが「段階」というものです。「儲かるなら、何をやってもよい」というのは、相場やテクニカルの基本を理解した人は、自然とさまざまな取引方法が見えてくるから、これまでのトレード方法にとらわれず何をやってもよい、ということなのです。

　ただし、成長した、理解したと自分が思っても、収益という事実の裏付けがなければ意味がありません。**頭で理解したつもりでも収益が上がらなければ、理解していないと考えるべき**です。収益という事実に勝る裏付けはないと考えています。

基本が
身に着いたら
応用へ！

チェックポイント
CHECK POINT

①自身の段階に応じて利益を追求する
②自身の成長度や理解度は
　収益という事実で裏付ける

2章

トレードのコツは
相場の壁を
見つけること

壁を使って
取引タイミング
を見る

一定のルールに従って取引を続ける

ダウ理論の
取引戦略

≫相場を動かす売り手と買い手の力関係

　ダウ理論では相場の売り手と買い手の力関係に注目しています。相場を動かす理由はこれだけだからです。

　ダウ理論で取引戦略を考える例をチャートで見てみましょう。**図1**のＡのローソク足の時点で取引戦略を考えるとどうなるでしょうか。

　まず、上方向はローソク足Ａの高値を上抜ければ、上昇して行きます。Ａで当面の高値ができているということは、この高値の上では売り手が優勢です。売り手が多いから値動きの上昇が止まっています。その売り手に止められた高値をさらに上抜けるということは、今度は買い手が優勢になった証です。このＡの高値を上抜ければ、**売り手より買い手が勝り上昇の動きとなる**可能性が強まります。

　しかし、相場がどちらに動くかは誰にもわかりません。これがチャート分析の大前提です。トレーダーは予言者ではないし、自分も予言者にはなれない、という当たり前のことを冷静に理解しておくことです。ビジネスでも相場でも、経済的利益を得るには、論理的に、確率的に考えることが第一歩です。

≫上昇・下落それぞれの動きに応じた戦略が必要

　このような冷静な視点を持っていると、ローソク足Ａの時点では上方向の動きを考えると同時に下方向の動きも考えるはずです。たとえこれまでの動きが上昇だったとしても、それはいつか必ず変わるので、

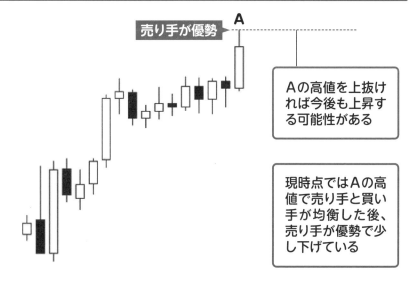

図1. 上昇の値動き

売り手が優勢 ------- A

Aの高値を上抜ければ今後も上昇する可能性がある

現時点ではAの高値で売り手と買い手が均衡した後、売り手が優勢で少し下げている

常に反対方向の動きも考えて備えることになります。

　そこで、Aまで上昇してきた値動きの中で、**ダウ理論で相場の転換点となる安値を探します**。チャート上にある過去の安値を探すと次ページの**図2**のようにB、C、D、Eの安値が見つかります。

　チャートを遡るとこうした安値があるということは、B、C、D、Eの安値で買い手が売り手に勝って、下げ止まったということです。だから安値ができます。そしてそこから再び上昇の動きになったことをチャートが示しています。

　以上から、チャートの値動きに応じて戦略を考えると、Aを上抜けたら買えばいいし、売るなら、B、C、D、Eを下抜けたら売る、という戦略がダウ理論から導かれます（**図2**）。

　さらにその後の動きが次ページの**図3**です。このときは、安値Bを下抜けて下げる動きになりました。

　あらかじめチャートから戦略を準備していると、まずBの下に売りのオーダー（逆指値）を置くことができます。Bを下抜けるとオーダーが執行され売りポジションができます。さらにBの下にも安値がある

2

トレードのコツは相場の壁を見つけること

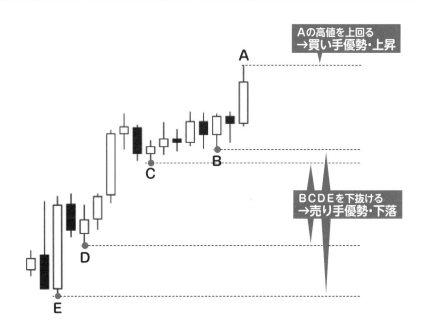

図2. ダウ理論から導く戦略

Aの高値を上回る
→買い手優勢・上昇

BCDEを下抜ける
→売り手優勢・下落

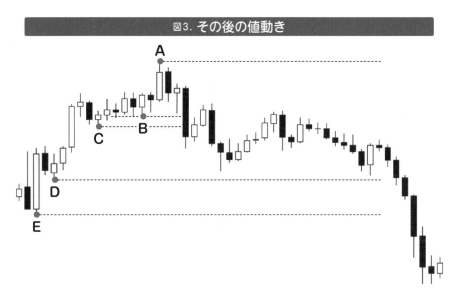

図3. その後の値動き

ので、戦略的にチャートを分析すると、Bで売りポジションをつくり、C、D、Eの壁の下側で売りポジションを追加してポジションを大きくしていく**ピラミッディング（売り増し）**することもできます。

またBやCで売ったポジションをDやE付近で一部または全部を買い戻し、利益の一部または全部を確定させる、という戦略もあらかじめ準備できます。

拙著『１日２回のチャートチェックで手堅く勝てる兼業ＦＸ』で説明したように、戦略を準備しておけば、値動きに焦ってポチッとすることなく、放置していてもオーダーどおりの取引ができます。

≫現状を把握してオーダーを行う

こうした**チャートに基づく戦略を自分のものにするためには、自分のチャートにラインを引いておくといい**かもしれません。または、現在のレンジをメモしておくという方法もあります。こうすることで、ちょっとチャートを見るだけで、現状を把握できますし、値動きに焦って取引することもなくなるはずです。こうすると視覚的でわかりやすくなります。事実、本書の読者の億トレは、これを実行していました。

こうした戦略に基づく具体的な取引オペレーションとしては、逆指値やＩＦＤなどの注文方法を使います。時間軸が長ければ、これで相場を凝視する必要もなくなります。注文した価格に到達すればオーダーが執行され、自分が見ていなくてもポジションができます。

前著で日足なら１日に１回か２回チャートを見るだけで十分、と説明した理由も、妙に熱心にチャートを見るより、少し相場から距離を取るぐらいのほうが自分の感情に左右されなくなるからなのです。

エントリー・タイミングの見つけ方
相場の均衡する壁が
崩れるタイミングを探す

≫慌てないようにオーダーを置いておく

　相場で利益を得るためには、相場に動きがあることが必要です。差額が利益になるのが相場取引なので、値動きが小さいこう着相場では差額も小さく、利益を取るのが難しくなってきます。だから誰にでもトレンド相場が好まれます。トレンドがある、ということは相場が動いている、値動きがある、ということだからです。

　トレンドが出る前にはたいていこう着相場があります。相場がレンジでこう着していると、動かない相場にイライラしてくる人もいるのではないでしょうか。これは、ただチャートを見てチャンスを探しているからイライラします。戦略を持ってオーダーを置いていると、私のようにテニスをしていてもまったく問題がありません。トレーダーの仕事は戦略を考えることです。取引ボタンをポチッと押すことではありません。

　動かない相場が続くと、値動きが小さく利益が取りにくいので市場参加者は徐々に減っていきます。私たちが手を出しにくいな、と思うということは、相場に参戦している世界中の参加者がそう考えるようになり、**流動性が低下**します。
　しかし、流動性が少ない相場でも、実需の輸出入業者は取引決済や支払いのために取引しなくてはなりません。このため**流動性の低下し**

図4. ひとつの壁で２つの戦略

買い　壁の上側では
買い手優勢

壁

売り　壁の下側では
売り手優勢

た相場ではこうした実需取引が一時的に相場を動かすことが起こります。普段の為替相場では影響しないようなサイズの実需取引でも流動性が低いため急激な動きになり、これを見て慌てて飛び乗ったトレーダーが騙されます。

　流動性の低い相場を動かすのは実需だけではありませんが、狭いレンジで流動性が下がったときにレンジ内で取引していると危ないのは同じです。

≫相場の壁を見つけることが戦略のポイント

　相場は値動きを抑えている壁を超えない限り、本格的に動き出すことはありません。相場を知っている人は、戦略を立て、こうしたこう着相場（つまりレンジ）の壁を超えたところにエントリーのオーダーを置き、静観します。相場が動き出せばポジションがつくられ、動かなければ手を出さない、ということです。

　図4のような相場の壁を利用してオーダーを置いておく取引が身に着くと、値動きの勢いにつられることがなくなります。**相場の売り手と買い手の均衡が崩れる動き、つまり壁を超えて動き出すタイミングを見つけることが、トレーディング戦略には不可欠**なのです。

　図4のように、チャートにひとつの壁を見つけるだけで、その壁を使った取引戦略を考えることができます。壁を超えることで売り手と

買い手の均衡が崩れ、相場が動き出す可能性が高まるからです。相場のバランスが崩れる場所を使って取引戦略を考える、ということです。

　ただし、**チャートの中にある高値や安値でも、そこが相場の流れが変わる場所、値動きが出る場所でなければ意味がありません。**だからチャートから情報を正しく読み取る、ダウ理論で適切な高値や安値を見つける技術が必要になります。

　前項の**図2**のように相場が上昇する動きの中で、一度できたAの高値をさらに上抜けていけば、相場はさらに上昇します。逆に、前項の**図3**のAの高値のようにAのローソク足で上昇が止まるなら、これまでの上昇の動きが反転する可能性を考えなければなりません。このAの高値が前ページの**図4**のように壁になって上昇を阻んでいるわけです。ここには壁を利用した売り手がいることも考えられます。

　こうした取引戦略のもとが相場の壁となる高値・安値なので、私はこれを重視しています。

まずは落ち着いて
壁を見つける

エントリーと損切りはセットで置く

壁を使って
リスクも明確にする

≫入口と出口は常にセットで考える

相場の壁を見つけてエントリーのタイミングを知ったとしても、それだけでは取引戦略としては不十分です。取引戦略は、入口であるエントリー・タイミングと、出口である決済つまり利確か損切りまでが一体です。

トレード戦略は、入口と出口を常にセットで考えなくてはなりません。**エントリーを考えるときには、同時に損切りをどこに置くか、つまり、どこに損切りを置くべき壁があるかも併せて探す**ことになります。このとき、利確はまだ考えません。

適切な損切りの位置も、相場の流れが変わるところです。この壁を超えると反対方向に動き出す売り手と買い手の境界ということです。自分の資金の都合や、テクニカル指標が示すものは適切ではありません。

エントリー方向とは反対側にある相場の壁を少し超えたところが損切りのポイントです。

次ページの**図5**が、その損切り（Stop Loss）を置く場所です。売りポジションなら、建値より上方向にある壁の上に損切りを置きますし、買いポジションなら下にある壁の外に損切りを置きます。少しページを遡りますが、Section1**図2**（38ページ参照）の事例で壁を探した時点で、Bで売りを考えた場合は、Aの高値が壁になるので、この

図5. 損切りのポイント

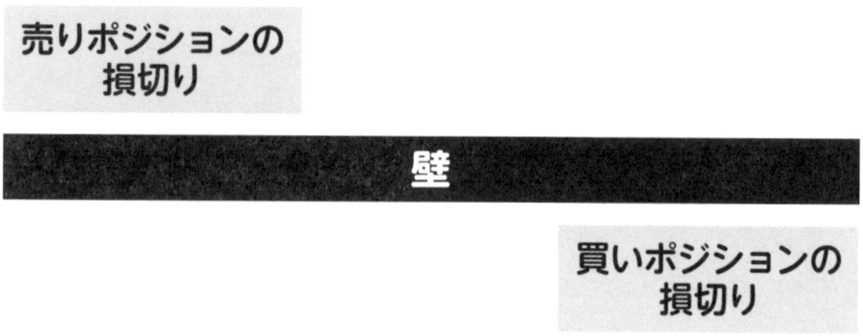

売りポジションの
損切り

壁

買いポジションの
損切り

上に売りポジションの損切りの買戻し注文を置きます。このように、チャートを読み取ると、エントリーも損切りも適切な場所は、チャートが示しているのです。

≫損切りは相場の壁を基準に考える

この損切りの壁は、自分の都合や思い付きではないことが重要です。

相場の動きは売り手と買い手の力関係なので、その壁を超えると逆方向の力が強くなると考えられる場所でなければ意味がありません。

損切りは資金の1％とか、自分が許容できる金額がいくらだとか、そうした基準で損切りを考えるのはチャート分析としては、不適切です。**資金量から算出される損切り幅はトレーダー個人の資金的都合、自分勝手な都合であって、相場の値動きには関係ありません。チャート分析の点からは不適当なのです。つまり、相場に即した壁を読むことが重要**なのです。

≫損切り幅と資金量

損切りの位置の説明から少し資金管理に関連しますが、大事なのでお話ししておきます。いろいろな投資情報を読むと、損切りは資金の数パーセントに設定する、というような記事を目にします。このこと

を誤解している個人投資家が多いように見受けられます。

　資金量の数パーセント以内ならどこに損切りを置いてもいい、ということではありません。**相場の壁を見つけたうえで、その損切りが付いたとしても、1回の取引で許容される損失額である資金の数パーセントになる量（取引ロット）で取引する**、ということです。つまり適切な損切りを置くことが当然の前提になっていて、そのうえで、取引ロット（枚数）をコントロールするための考え方なのです。

　このため損切り幅が狭ければ、枚数を多く持つことができますし、損切り幅が広ければ、取引枚数は少なくなります。どちらの取引をしても資金に対する損失は同じ比率（パーセント）になる、ということです。

　こうした初心者にある誤解は、情報を表面的に鵜呑みにするから起こります。相場に関する情報は、ブログやツイッター、最近ではユーチューブで誰でも発信できます。だからこそ、発信者を確かめ、合理的で正しい情報を見つけ、自分で考えることがより重要になってくるのです。

情報を鵜呑みに
するのは危険

チェックポイント
CHECK POINT

①**エントリー・タイミングと損切りはセットで考える**
②**損切りは、相場の転換点で考える**

時間軸の長短と相場の関係

メインの時間軸を基準に
複数の時間軸で相場を見る

》自分の立ち位置になる時間軸を明確にする

　トレンドとレンジは密接だと前章でお話ししました。トレンドの中にレンジもありますし、レンジの中でトレンドが出ていることもあります。禅問答のようですね。

　要するに**どの時間軸でチャートや値動きを分析するか**、という問題です。相場の値動きはひとつです。時間軸は私たちが便宜的に勝手に時間で区切っているに過ぎません。

　私がこれまでの著書で主に日足をおすすめした理由は、世界中のトレーダーが共通して見ているのが日足だからです。ＦＸは24時間相場が動いています。しかし為替市場の１日は、オセアニアでスタートしてニューヨークのクローズで１日が終わります。これは世界中で共通です。この共通する１日の動きを示すのが日足です。

　一方、４時間足とか、１時間足とか、15分足とか、短い時間軸は、そのときの市場に参加している人が目の前の値動きを見ていることになります。直近の値動きを追う人は日足より、より細かな短い時間軸をライブで見たほうがいいからです。

　この時間軸と相場の関係を理解するには、まずは日足などひとつの時間軸で値動きを理解することをおすすめします。**日足ではなくても、自分の好きな時間軸でも構いません。ただしローソク足が１本出るたびに値段を確認します。**これが基本です。そのうえで、ほかの時間軸

図6. 時間軸の長短と相場の動き

時間軸の長さ	値動き	利幅	損切幅	値動きの強度	トレンド	レンジ幅	チャートチェックの頻度
長い	大	大	大	強	大	大	粗い
短い	小	小	小	弱	小	小	細かい

を見る。少しずつ自分のできることを広げていきます。

　自分の立ち位置となる時間軸が定まっていない状態で、いくつもの時間軸を考えると混乱します。時間軸が違えば、チャートが示す景色が違うからです。

　ＦＸを始めた個人投資家はチャートの素人です。だから最初は時間軸を固定し、自分の立ち位置を明確にすることが賢明です。

　逆に、自分の立ち位置が明確なら、それを基準にして長い時間軸と短い時間軸の力関係からより深く相場を見ることができます。**時間軸の違いによる壁の強弱を意識できると、現在の相場がどのような状態にあるのか、またどこに取引タイミングがあるのかが見えて、多様な戦略が立てやすくなります。**

≫時間軸の長短と相場の動き

　時間軸の長短と相場の動きの特徴をまとめると、**図6**のような関係性があります。

　時間軸が長ければ、値動きも大きくなります。この値動きとはローソク足１本の値幅もそうですし、ローソク足が何本か続いてできる相場の波の大きさという意味でも時間軸が長いほうが大きくなります。また、時間軸が長いほど値動きが大きいということは、利益が乗った時の利幅も大きくなりますが、損切りを置く幅も大きくなります。トレンドが出た場合のトレンド幅も大きくなり、レンジも時間軸が大きいほど広い幅になります。

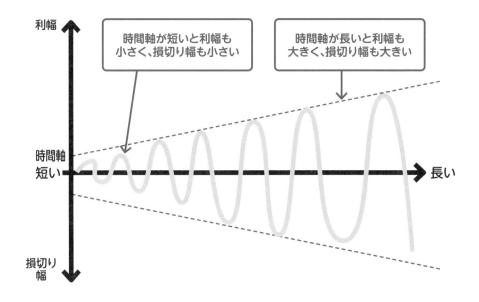

図7. 時間軸と相場の振れ幅

利幅

時間軸が短いと利幅も
小さく、損切り幅も小さい

時間軸が長いと利幅も
大きく、損切り幅も大きい

時間軸
短い

長い

損切り
幅

　時間軸と値動きの関係をイメージすると、**図7**のような感じではないかと思います。

　ローソク足の出る頻度は時間軸が長いほうがゆっくりです。

　日足は1日1本しか出現しませんが、1時間足なら1日に24本、15分足なら96本も出ることになります。ということは、チャートチェックで、新たなローソク足が出るたびに値動きと高値・安値を確認しますから、**長い時間軸のほうがチャートチェックの頻度は少なくて済みます**。日足なら1日に1回か2回のチャートチェックでも取引戦略を立てられますが、1時間足なら1時間に1回以上はチャートを見る必要があります。これは事実上相場に張り付くことになります。

　私は、兼業トレーダーには日足で相場を見ることをおすすめしていますが、その理由は、ここにあります。本業を持つ兼業トレーダーは専業に比べて取引時間が限られます。そこでチャートを見る頻度が少なくて済む長い時間軸のほうが適しているからです。

利幅は小さいがメリットも多い

チャートに集中しやすい
スキャルピング

≫ 短い時間軸を使ったスキャルピング

　兼業トレーダー向けに前著では長い時間軸をおすすめしています
が、この点は逆の考え方もできます。極端に短い時間軸であれば、集
中してずっとチャートを見続けることができるので、短い時間軸で取
引するのもひとつの方法です。仕事から帰宅した後の数時間だけ集中
してチャートを見たり取引する場合です。

　ただし、その場合は、1分足か5分足で時間軸が極端に短いので、
利幅も小さくなります。1pipsとか、5pipsを狙う取引です。

　これだけ値幅が狭くなると、FX会社のスプレッドも取引に大きく
影響します。スプレッドが広いと相場状況によっては、わずか1pips
や5pipsを取るのに数時間かかることもあります。しかも値動きの
幅が狭いと、決済の逆指値注文が現在値と近すぎてしまうので注文を
置くことが難しくなります。つまりスキャルピングをするなら、ずっ
と相場を見続けて成行で取引しなくてはならないということです。

　となると、**スキャルをするなら相場が動く時間帯であることが大切**
です。東京時間の仲値や、欧州時間のスタートやロンドンフィキシン
グなど、実需を含め取引が集中する時間が好まれます。ただし、あま
り急激な動きになるとスプレッドは拡大しやすくなります。

≫ 使用可能な資金を使った現実的なトレードをする

　スキャルピングは狭い利幅を狙う取引です。これで長い時間軸と同

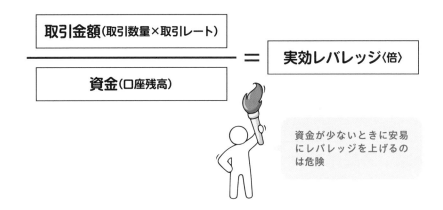

図8. 実効レバレッジの計算方法

$$\frac{取引金額（取引数量×取引レート）}{資金（口座残高）} = 実効レバレッジ〈倍〉$$

資金が少ないときに安易にレバレッジを上げるのは危険

様の利益（金額）を狙おうと思えば、取引回数を増やすか、取引数量を増やすか、その両方をしなくてはなりません。だからスキャルピングをする人は取引枚数を極端に増やし、大きなロットで取引するわけです。

しかし、そのためには大きな資金も必要になります。スキャルピングでも実効レバレッジが10倍を超えるとかなり危険な取引です。実効レバレッジは、図8の計算で出てきます。

例えば、1pipsの利益が1万円になるためには、ドル円なら100万通貨で取引することになります。100万通貨の取引で実効レバレッジが10倍になるためには、仮に計算しやすくドル円のレートを1ドル＝100円とした場合、1000万円の資金が必要になります。

ただ、実際には実効レバレッジ10倍はかなりレバレッジが高く、リスクが大き過ぎます。そこで現実的なトレードでは実効レバレッジを1倍以下にしたいところです。すると、資金は1億円必要になります。**1pipsの利益を1000円にする場合でも、実効レバレッジ1倍なら1000万円の資金が必要**です。

そしてＦＸ入門者のために最初に書いた本でも説明しましたが、**相**

図9. 100pipsを狙う場合

スイング〜デイトレ	デイトレ〜スキャル	スキャル
1 LOT×100pips×1回	1 LOT×10pips×10回 10LOT×10pips×1回	100LOT×1 pips×1回 10LOT×1 pips×10回 1 LOT×1 pips×100回

値幅・取引数量・取引回数で最適な時間軸が変わる

場で破綻して退場する人が共通しているのは、過大なレバレッジでの取引です。ＦＸは一発勝負のギャンブルではないので、レバレッジを抑え利益を積み上げなければなりません。

また、利益を金額ではなく、獲得pips数で考えると、取引枚数を増やすか、取引回数を増やすことになります。日足ならスイング取引なので1回の取引で100pips狙うことも一般的ですが、スキャルで1回に100pipsは取れません。同じ100pipsを取るには**図9**のように取引ロットと取引回数で100pipsになるように組み合わせることになります。**現実には失敗した取引で損失が出るので、これ以上の回数の取引が必要**になります。

いずれにせよ、最初は少額でＦＸを学びつつ、資金を準備して、勝負を始めるほうが生き残れる確率は上がるはずです。ビジネスの起業でも、ＦＸや投資でも、小さく始めて大きく育てるのが成功の王道です。

分厚い壁ほど突破した後の値動きは大きい

長い時間軸のほうが
壁がより厚くなる

≫長い時間軸のほうが相場の壁がより厚くなる

　時間軸が長いと、そのレンジや高値・安値などの抵抗がより強力になります。**時間軸が長くなるほど壁を突破するのは簡単ではない**、ということです。そして、もし長い時間軸の壁を突破すると、その後は大きく動く確率が高くなります。それまで壁で抑えられていた勢力が一気に動くからです。

　逆に短い時間軸の高値や安値、そしてレンジは長い時間軸に比べると簡単に突破されます。

　これらの時間軸の長短による値動き特性は、チャートを見るうえでの基本といえるものです。ここでは**相場取引で「時間」の要素が重要**であることが見えてきます。

　では、なぜ時間軸の長短が値動きの抵抗、レンジの上限下限の強弱になるかを考えてみましょう

　高値や安値ができる理由は、売り手と買い手の力がその値段で均衡したから、ということは何度も説明してきました。相場の値動きは売り手と買い手の力関係でしかないからです。

≫短い時間軸ほどニュースなどの影響を受けやすい

　図10のイメージ図を見てください。仮に5分足が、ある値段で高値や安値が決まるためには、売り手と買い手が同じ力でバランス（均衡）していることになります。売り手も買い手も同量いる、というこ

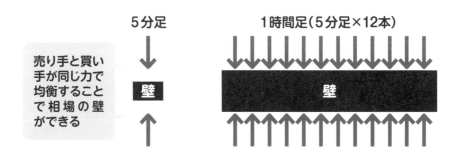

図10. 売り手と買い手の均衡

5分足　　　1時間足（5分足×12本）

売り手と買い
手が同じ力で
均衡すること
で相場の壁
ができる

壁　　壁

とです。売り手と買い手の力が均衡することで相場の壁ができます。

　時間足を長くして1時間足にすると、単純に5分足の12本分の力になります。1時間は5分の12倍ですから、1時間足が均衡するためには、5分足の12倍の量が売り手にも買い手にも必要なわけです。5分足の均衡した力関係が12倍の時間続くから1時間足でその値段が決まります。5分足よりも1時間足のほうが、上下の力が強くなる分、壁も厚くなります。

　このイメージ図のように考えると、**より長い時間軸の壁である高値や安値がより強いレンジの上限や下限、または値動きのサポートやレジスタンスとして効きやすい**ことが想像できます。

　また時間軸が短いと相場の力が弱いので、ニュースのヘッドラインや、雇用統計などの重要指標など外部の影響を受けやすくなります。短い時間軸ほど、急に大きな量の買い手や売り手が現れると、その力で薄い壁の突破が起こります。

　短い時間軸が外部の影響を受けやすい点を次ページの**図11**で見てみましょう。**図11**は2019年3月15日から22日のドル円1時間足です。1時間足は極端に短い時間軸ではありませんが、日足よりは短く、その点で日足よりは弱いといえます。

　ダウ理論でチャートを見ると、3月15日の111.761から下方向のレンジが3つ続いています。レンジ3つ下げて3月19日には

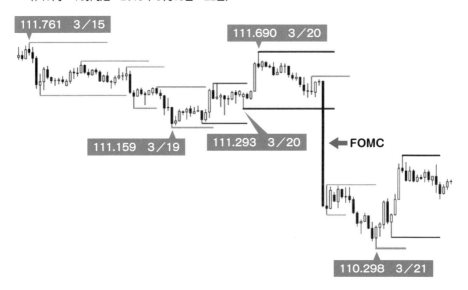

図11. FOMC開催時の取引戦略

〈ドル円 1時間足 2019年3月15日〜22日〉

111.761 3/15

111.690 3/20

111.159 3/19

111.293 3/20

← FOMC

110.298 3/21

111.159の安値を付けます。レンジが切り下げて行くということは、安値を更新し、高値を更新していないので、ダウ理論の下落トレンドが発生していることになります。

111.159の安値の後は、この最後のレンジ安値を下抜けできず、逆にレンジを上抜けたことでトレンドが転換します。その後は上方向にレンジが繰り返し、上昇トレンドとなり、3月20日には111.690の高値を付け111.690と111.293とのレンジになっています。

さて、ここからが本題です。この3月20日には米国の金融政策を決めるFOMC（連邦公開市場委員会）が開催されます。FOMCは世界中の金融関係やトレーダーが注目する重要経済指標です。世界中のトレーダーが反応するので、強い動きになる可能性があります。

≫時間軸に応じたトレード戦略

このレンジの状況でいくつかの取引戦略を考えてみましょう。

　まず、１時間足でゆったりした動きを取ろうという戦略のトレーダーが、すでに買いポジションを持っている場合。つまり、111.159を底に上昇転換したので買いポジションを持っている場合は、レンジの下限である111.293の下に決済の損切り注文を置いておく必要があります。そうでないと１時間足より強力な動きで一気に下に動いた場合、大きな損失になってしまいます。

　次に、新規の取引戦略を考える場合。FOMCは発表時間が決まっているので、その何時間も前から111.690と111.293のレンジになっている点が注目です。

　ダウ理論に従うなら、111.690の上に買いの逆指値注文を置きFOMCで上昇する動きに備えます。また同時に111.293の下には下げた場合に備えた売りの逆指値注文も置いておきます。こうした戦略は１時間足という短い時間軸の動きが、FOMCで大きな動きが出るだろう、急激に動くだろう、という想定でオーダーしておくわけです。つまり、**１時間足の力関係を超える強い動きがFOMCで起こる場合に備えた戦略ということ**です。このときの損切り注文は理論通り、レンジの反対側の壁の外に置いています。結果、ドル円は翌21日に110.298まで下げ、100pipsの下落となります。

　通常の1時間足の動きでは111.761から111.159へ３日をかけて下げて約60pipsの動きですが、FOMCという大きなイベントに乗ると、短時間で大きな値幅になりました。

　こうした戦略は、FOMCでの広い値幅を狙うのが正しく、その前の狭い値幅を狙うのがよくない、ということではありません。ここを勘違いしないでください。

　これは時間軸に応じたトレード戦略の考え方です。

　短い時間軸を使う場合でも、静かな相場で少しずつ利益を狙いたいなら、そうしたニュースが起こりにくい動かない相場が狙い目ですし、大きなイベント前には決済するか、損切りを建値にする必要がありま

図12. FOMC開催前後の日足チャート

〈ドル円　日足　2019年2月〜3月〉

112.135　3/5

3/20

ローソク足がレンジ内にあるためレンジを抜けないと動かない

時間軸を下げて戦略をたてる

110.355　2/27

　す。また、経済指標に合わせて動き出したところを狙って動く相場を狙うという戦略も取ることができます。いずれも、時間軸と相場の力関係を理解しているから戦略として考えられるわけです。

≫時間軸を下げてチャンスを狙う

　このFOMCの動きを日足で見ると、**図12**のようになっています。
　FOMCのあった3月20日は、陰線ですが、2月27日安値と3月5日高値のレンジ内にあります。ということは日足のダウ理論ではレンジ内なので様子見になります。
　このように**大きなイベント前に日足がレンジ内であれば、時間軸を下げて取引戦略を考える、チャンスを狙う、という戦略を立てることもできる**わけです。もちろん、日足のレンジを超えた大きな動きが起こることに備えて、日足のレンジの外に売りと買いのオーダーも置くことになります。こうしたチャートに基づく準備があるから、2019年1月のフラッシュクラッシュにも対応できるのです。

経済指標等と時間軸の長さの関係

短い時間軸ほど
経済イベントの影響を受ける

≫短い時間軸は経済イベントの影響を受けやすい

　では、この考え方で、2019年４月の雇用統計を見てみましょう。雇用統計も重要指標のひとつで多くの市場参加者が注目しています。最近は雇用統計に合わせたセミナーが日本のＦＸ業界のイベントになっています。ただFOMCと雇用統計では経済指標の意味が違います。FOMCがダイレクトに米国の金融政策決定であるのに対し、雇用統計はFOMCが政策を検討するための材料のひとつに過ぎません。

　時間軸を短くすると、こうした経済指標の影響を考慮せざるを得なくなります。これは経済指標の結果を予想することではありません。そうした**経済イベントの影響として値動きが荒れることを短い時間軸では加味する必要がある**、ということです。この点も短い時間軸を使う場合の留意点です。前項のFOMCでの1時間足と日足の動きの違いにもこうしたことが表れています。

　次ページの**図13**を見てみると、４月５日の雇用統計では、まず1時間足のレンジ安値111.597（**図内①**）を下抜け、その後、レンジ高値111.799（**図内②**）も上抜けます。ダウ理論通りに、レンジの上限と下限でレンジブレイクの逆指値注文を置いていた場合、レンジの反対側を超える値動きで、両方のポジションが損切りさせられます。この1時間足のレンジ幅は111.597と111.799でわずか20pipsほどですが、FOMCと同じ戦略を取っていると、この場合は往復ビンタになっています。これは仕方ありません。理論に従った結果なので受容

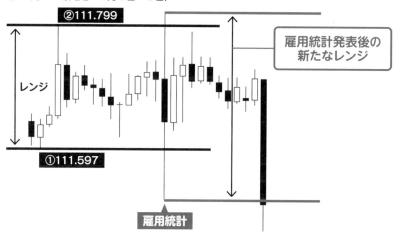

図13. 2019年4月雇用統計発表前後の1時間足チャート

〈ドル円　1時間足　4月5日〜8日〉

②111.799

雇用統計発表後の
新たなレンジ

レンジ

①111.597

雇用統計

するしかありません。

　経済指標の結果、市場参加者が売りや買いに傾かず、方向性に迷い
が出ると、このように上下に振れることになり、イベント結果に賭け
る戦略は失敗してしまうこともあります。

　ただ、こうした市場の迷いによりレンジは上下に拡大しました。そ
こで、改めて、ダウ理論に従い拡大したレンジの上と下でオーダーを
しておくと、その後は相場が落ち着いたところから値動きは下げてい
きました。市場参加者の中で売り手が勝ってきたことの表れで、この
２回目のオーダーでは売りポジションができてうまく利益を取ること
ができます。

　このように、相場は常にうまく行くものではありませんし、時間軸
によっては経済イベントの影響を受けやすい場合もあります。ただ相
場がどちらかに動き出せば、それに乗れば利益を取れるのです。

　そのため、**失敗トレードがあっても、同じことを淡々と繰り返すこ
とが重要なのです。**なお、イベントで振られやすいときには、ＯＣＯ
注文を使う方法もあります。こうすると損失は片方だけになりますが、
もう片方が大きく動いた場合には取れません。

図14. 2019年4月雇用統計発表前後の5分足チャート

〈ドル円　5分足　4月5日19時〜22時〉

111.822

④111.742

③111.684

111.513

　そこで、経済イベントの影響を考慮して、注文方法を変える戦略もあります。**図14**は同じ雇用統計の5分足です。

　4月5日の19時から22時でレンジは、下が19時台の111.684（**図内③**）、上が20時の111.742（**図内④**）でその差はわずか5.8pipsでした。5分足なので、利食いを5〜10pipsで指値しておきます。

　すると、1時間足では往復ビンタになったトレードが、利益を取れます。

　このように経済指標に合わせてトレードする場合は、その経済指標のインパクトがどれくらいあるかを考えて、どの時間軸を使うか、どのような注文方法を使うかを選択することになります。

2

トレードのコツは相場の壁を見つけること

2つの壁の間でレンジになっている場合

壁を使った取引タイミングは
４カ所が基本

≫レンジブレイクと逆張り

ここまで、相場の壁について紹介してきましたが、**相場の壁を使った順張りの取引タイミングはひとつの時間軸では４カ所が基本**です。逆張り戦略も加えると、６カ所になります。

図15のように現在値がレンジＡＢの壁の間にあれば、それぞれの壁に２カ所ずつエントリーと損切り決済のタイミングがあるからです。しかし、時間軸の視点を加えると、さらにいくつか別の壁が見えてきます。現実のトレーディングでは、これらの組み合わせで戦略を考えることになります。

図15は高値Ａと安値Ｂのレンジです。つまり上にＡという相場の壁があり、下にＢという相場の壁があります。

このとき、Ａを上抜ければ、売り手より買い手が勝るので上昇しやすくなり、Ｂを下抜けると買い手より売り手が勝るので下げやすくなります。よって、①の買いや、④の売りはレンジブレイクで順張り取引することになります。

一方、レンジの上限Ａに近付いても、売り手が強ければＡを上抜けできずに下げる場合がありますし、逆に下限Ｂの手前でも上昇の動きとなることもあります。こうしたレンジの際での取引が②の売り、③

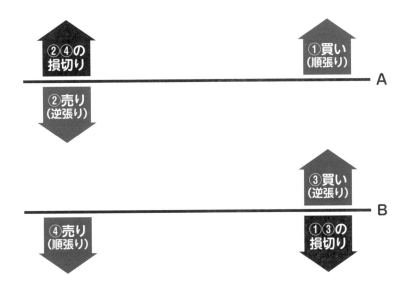

図15. 壁を使う取引タイミング

の買いとなります。

　この②や③は相場の流れに逆行しています。レンジの上限Ａまで上昇してきたのに売り（②）、レンジの下限Ｂまで下げて来たのに買う（③）、ということは**逆張り**です。これは相場の壁が強くレンジブレイクできないだろうと考えるか、レンジブレイクできなかったことに注目して壁を利用して損切り幅を狭くしてポジションを持つことになります。Section2の**図4**で示したように、壁の上側では常に買い（①、③）、壁の下側では常に売る（④、②）ことになるのはこうしたことです。

≫壁際で止まるチャート

　ここで、時間軸の視点を加えて考えてみましょう。つまり②や③の逆張りは同じ時間軸よりも、より長い時間軸のレンジの上限や下限に近付いたときに起こりやすくなります。**時間軸が違うと壁の強さも違ってくる**からです。自分の時間軸の壁が、より長い時間軸の壁に近いかどうかに注意するということです。

短い時間軸で取引しているポジションにとってはある程度の利益が乗っているので、長い時間軸の壁を前に利確を考えるでしょう。この利確決済は反対売買ですから、Aの手前で売りが出やすく、Bの手前で買いが出やすくなるわけです。この壁際での決済に新規の逆張りのポジションが加わると、相場は逆流を始めます。

　またこうして壁で止められると、エコノミストなどから「オプションがある」という説明がされる場合があります。たしかにそうなのかもしれません。しかし、相場の動きは何度もいうように、売り手が多いか、買い手が多いかだけです。**オプションがあろうとなかろうと、値動きが強ければ壁を突破しますし、弱ければ超えられません。**それだけです。

　オプション情報は補助的に使うこともできますが、オプションも含めて相場は売り手と買い手の力関係で動きますから、情報に頼るより、相場の値動きで判断するのが一番です。

　もうひとつ、ここで注目してほしいのは損切り（SL＝Stop Loss）の位置です。買い注文の損切り位置は①に買い逆指値、③に買い指値を置いても基本的にはレンジの下限Bを割ったところです。前述のようにレンジの反対側を超えることで相場の力関係が変わるからです。ただ、①の買い注文が執行されてポジションができたら理論どおり直近安値に切り替えることになります。当然売り注文で損切りの位置は逆にレンジの上限Aを超えたところとなります。

チェックポイント
CHECK POINT
①相場の壁を使う取引タイミングは
　レンジブレイクか逆張り
②時間軸が違うと
　壁の強さも違ってくる

3章

相場の壁を意識した
ＦＸトレードの実践

壁を使った
戦略を考える

壁を突き抜けるかどうかが値動きを見るポイント

相場の壁を実際の
トレードではどう使うか

≫実際に壁を使って取引戦略を立てる

前章までは相場の壁の探し方、取引のエントリー、決済をそれぞれ個別に考えてきました。3章では、相場の壁を実際にどう使うかを考えていきます。まずは、取引戦略全体をイメージしながらシミュレーションしていきましょう。

図1をご覧ください。

あるレンジの上限Uが壁となり上値を抑えていましたが、値動きがこの壁を上抜けました。このため、Uの少し上に置いた逆指値注文が執行されて買いポジションができます。

このUの上抜けで、直近安値のあるAが、新たなレンジの下限となり損切りポイントとなります。

図1. 壁を上抜けたあとの下限

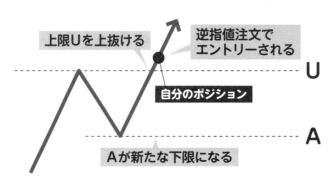

上限Uを上抜ける

逆指値注文でエントリーされる

自分のポジション

U

A

Aが新たな下限になる

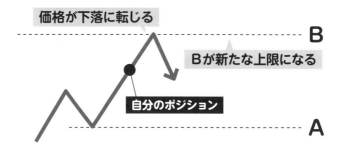

図2. 新たなレンジができる

価格が下落に転じる

B

Bが新たな上限になる

自分のポジション

A

　その後、**図2**のように値動きは上昇していきますが、ある値段で上昇が止まり、下げ始めます。これによりできた高値Bが安値Aとのレンジの上限となります。結果、現在のポジションは、レンジA・Bの中にあります。

　さらに**図3**を見ていきましょう。高値Bの壁を超えれば、レンジA・Bをブレイクして上昇トレンドが継続しますが、この事例では、高値Bで上昇が抑えられた後、安値（**図内①**）ができました。ただし、この安値（**図内①**）はレンジの下限となる押し安値にはなりません。まだBを上抜けていないからです。

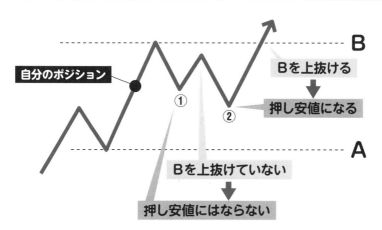

図3. 押し安値が次の下限になる

自分のポジション

B

①

②

Bを上抜ける

押し安値になる

A

Bを上抜けていない

押し安値にはならない

その後、安値（**図内①**）から上昇しますが、高値Ｂの手前で再び抑えられ、新たな安値（**図内②**）をつくりました。しかし、下げたところでは買いが優勢となったようで、レンジの下限Ａを割ることなく再び上昇して今度はレンジの上限Ｂを上抜けました。この時点で、直近の安値（**図内②**）が次のレンジの下限である押し安値となります。

　このレンジの上限Ｂを上抜けた時点で、Ｂの上にいた売り手より買い手が優勢となり、上昇の可能性が高くなるので、先行きの戦略も考えます。

≫値動きの目安となる壁がある

　これまでの著書では基本を伝えるために、「相場の先行きはわからないので、目標もない」といってきましたが、値動きの目安となる壁はあります。それは、チャートに示される過去の高値や安値です。ときにはかなりの時間を遡ることになりますが、**時間が長ければそれだけ強い壁となっている可能性があります**。これは２章で紹介した時間

図4. 過去の高値による壁

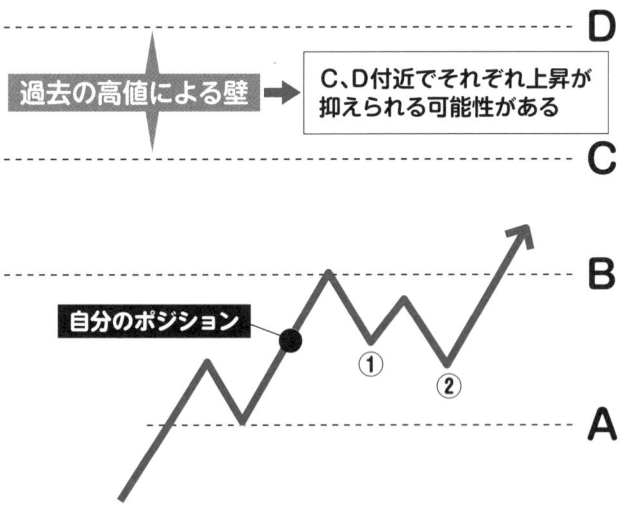

過去の高値による壁 ➡ C、D付近でそれぞれ上昇が抑えられる可能性がある

D

C

B

自分のポジション

①

②

A

軸の違いを思い出してください。

　このシミュレーションでは、レンジの上限Ｂを超えて上昇継続の可能性が高くなった時点で過去の高値を探します。それが**図4**で示されたＣとＤの壁です。これらは、上昇の動きを抑える上値の壁となり得る値段です。

　レンジが切り替わったので、損切りをＡの下から安値②の下に引き上げつつ、上方向はＣとＤが値動きの目安となってきます。ここではレンジの説明がメインではないのでレンジを図に書き込むことは省略しますが、この点はダウ理論のとおりなので、みなさんは理解してもらえていると思います。

　過去の高値ＣやＤが見つかったことで、ここには長い時間がかかった壁がある可能性が考えられます。つまり、ＣやＤ付近で上昇が抑えられる可能性がある、ということです。

≫次に現れる壁に対してどう考えるか

　その後の動きが次ページの**図5**です。まず最初の壁であるＣを簡単には上抜けできず、いったん、ここで上昇が止まります。

　チャート分析の基本を知っているトレーダーなら、Ｃが壁になることがわかるので壁の近くでは、さまざまな取引が交錯します。

　買いポジションを保有するトレーダーの中には、いったんは利食いを入れる人もいます。新規の売り手がいるかもしれないし、買い手の利食いが大きく出るかもしれない。それで下げる前に自分の利益を確保しようと一部決済に動くわけです。

　また、このＣの壁が上抜けできないことに賭けて、Ｃの壁際で新規に売りポジションを建てる人もいます。この売りは、上昇する流れに逆らう取引になりますが、損切りをＣの壁を上抜けたところに置けるので、狭い損切り幅にできます。すると、もし、その狭い損切り設定で、大きく下げていけば、下落相場の頭から取ることができます。

　なお、こうした逆張りは、トレンドに逆らっているので、トレンド

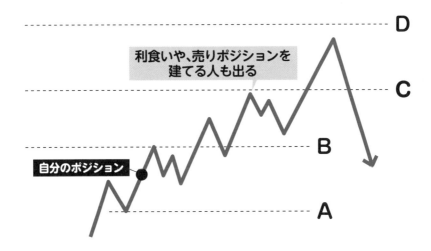

図5. 壁に対する思惑と値動き

利食いや、売りポジションを
建てる人も出る

自分のポジション

D

C

B

A

転換して下げるほどではないかもしれません。そうなっても、狭い利
幅は狙うことができます。下げは一時的で小さな利幅でもいいと考え
れば、1章でも説明した「方向性は合っていないが、タイミングで取
る」ことになります。

　Cの壁で一旦上昇が止められた動きも、上昇トレンドが強ければ結
局はブレイクして上昇します。すると、次の上値の目途はDです。こ
のDもCと同じように相場の壁なので、壁を使った取引がさまざまに
行われます。

　この**図5**の事例では、結局Dを超えられずに下落に転じていますが、
この動きは重要ではありません。ここで理解してもらいたいのは、現
在のレンジだけでなく、**チャートが示す過去の高値や安値を探すこと
で、値動きの先にある壁を見つけて戦略を考えることができる**、とい
うことです。

　この**図5**のような動きを実際の相場で私が発信した例が**図6**のツ
イッター（@maru3rd）です。これは、私が2019年2月4日にツイー
トしたものです。

図6. ドル円の値動きに対するツイート

田向宏行 @maru3rd・2月4日

ドル円は、1/31安値＝108.498を底に1円以上上昇しているものの、上には
1/23高値109.997があり、110円に乗せなければ下方向のリスク。　ドル円日
足は、上が111.40、下が104.84のレンジ内で方向が定まらず、111に近付け
ば売りが強まりそう。　週初のアジア時間の上昇が続くか注目。

◯　　⏎ 8　　♡ 41　　⬆　　📊

　これを見ると、２月４日の時点で、ドル円日足レンジを高値
111.407、安値104.837と判断しています。そして２月４日時点では
直近の上値抵抗として１月23日高値（109.997）を考えていること
がわかります。

　このツイートの際の実際のドル円の値動きが次ページの**図7**です。
この日足チャートは、2018年12月から2019年２月の動きを示して
います。

　このツイートは２月４日時点ですが、先ほどの**図5**のBの高値に当
たるのが次ページの**図7**１月23日の109.997（**図内①**）、Aが１月31
日の108.498（**図内②**）になります。

　なお、念のため説明を加えると、**図7**のチャートではすでに２月４
日の高値が１月23日高値を上抜けていますが、私がツイートした時
点では上抜けていませんでした。ですから、このツイートは後出しで
はありません（笑）。この高値の上抜けはツイートした後に想定どお
りに起こったということです。

　２月４日は日足のレンジ111.407（**図内③**）と104.837（**図内④**）
の中なので方向感はありません。このため直近高値＝109.997を上
抜ければ日足レンジの上限に向けて上昇するでしょうし、直近安値
＝108.498を割り込めばレンジ下限へ下げるだろう、と考えられま
す。そのうえで上方向を見れば、**図5**で説明したCに相当するのが
111.407にあるので、「111円に近付くと売りが増えるだろう」と上

図7. 壁に対する実際の値動き

〈ドル円　日足　2018年12月〜2019年2月〉

③高値:111.407　12／26

2／4

①高値:109.997　1／23

②安値:108.498　1／31

レンジ

④安値:104.837　1／3

値が伸びなくなることも想定しています。

　この**図7**では68ページの**図5**のDに相当するものが表れていませんが、YJFXチャートを確認すると、12月13日高値（113.707）がこれに当たることもわかります。

　相場にはこうしたチャート上の壁がいくつもあり、**壁の一つひとつを抜けていけるかどうかが値動きを見るうえでの重要なポイント**となります。

壁を利確の目標値として考える

先行きの目安となる壁はどこか

≫ダウ理論を理解して先行きの目安を知る

これまでに刊行した私の本では、主に同じ時間軸でのチャート分析を説明してきました。ダウ理論を知っていただくためには、まず単一の時間軸で基本を理解することが最優先と考えたからです。

本書はさらに踏み込んでいきます。ここからは基本を理解している前提で、多様なダウ理論の使い方を説明していきます。そのひとつが、本章で説明した目標値・先行きの目安です。

前著では、「相場はどこまで動くかは誰にもわからない。だから利確の目標値は設定しない」と説明しています。そして、利確タイミングは、上昇トレンドなら切り上げてきたストップの逆指値の執行でしたし、下落トレンドなら切り下げてきた逆指値でした。トレンドが転換するところで決済していたわけです。

ただ、この方法では最後のレンジが逆方向へ転換するのを待つので、そのレンジ幅の分、利益が減ってしまいます。

≫短い時間軸の壁と長い時間軸の壁

ここまで本書を読んできてお気づきだと思いますが、過去の高値や安値が相場の壁となるなら、この壁を目標値として考えることもできます。この過去の高値や安値の探し方は、増補部分でも説明しています。

ただし、相場の値動きがどうなるかは誰にもわからないので、この壁は突破されて、さらに伸びるかもしれません。つまり、目標値を超えてさらに動くかもしれない、ということです。相場に絶対はありません。だから、「相場はどこまで動くかわからない。利確目標は設定しない」となるわけです。

　これも相場のジレンマのひとつですが、目安となる壁で利確すると、さらに伸びるはずだった利益を失います。一方、利益を延ばすことを優先して目先の壁にとらわれず損切りを切り上げる方法では、最後は利益を取り損ねます。

　壁があることで一旦値動きが止まったりすることは現実によくあります。そのような場合は、その壁が市場参加者に意識されていたことになります。 このため値動きが止まったところで一度決済して利益を確実に取り、そのうえでさらに値動きが続けば、壁を超えたところに逆指値注文を置き、新たにポジションをつくるという戦略も“アリ”なわけです。この場合、先にある壁は、自分の時間軸の壁はもちろんですが、**より長い時間軸の壁と重なっていたり、近かったりすれば、より強力な壁として値動きを止める可能性が高くなります。** 時間軸を自在に使えるようになると、トレード戦略も多様になり、さまざまなタイミングでの取引が可能になってきます。

　このような目標値を考えながらツイートしたのが、**図8** のユーロドルについてです。

　このときのユーロドルは、**図9** の日足チャートのように1.1330手前で4日間にわたり上値が抑えられていました。このため、ツイートでは、この1.1330を上抜けできないと下げる可能性があることと、逆に上抜けるなら上方向の高値となる3月20日の1.14476の壁の手前となる1.14ぐらいまでは上昇しそうだと考えています。

　ただ、その後は下げる動きになり、4月18日は大きな陰線となりました。このため上値目標値に到達した事例ではありません。しかし、

図8. ユーロドルの値動きに対するツイート

田向宏行 @maru3rd · 4月18日

EURUSDは、1.1330付近を上抜できないと、来週は下げる可能性が出てきそう。 1.1330付近を上抜けると、1.14ぐらいまで上昇する可能性が出てくるが、3月高値の1.14ミドルを越えられなければ、やはり下落リスク。 FRBとECBが再び緩和政策に転換しつつあり、この綱引きなのかも。

○　　　　♡ 6　　　　♡ 19　　　　↑　　　　ılı

図9. ユーロドルの実際の値動き

〈ユーロドル　日足　2019年3月〜4月〉

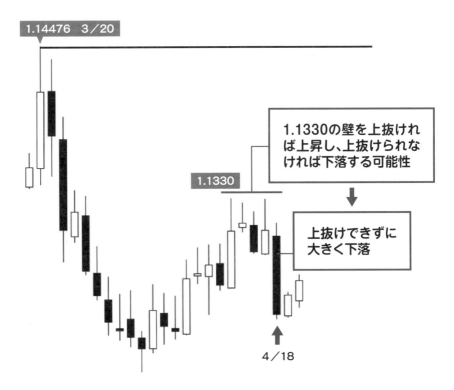

1.14476　3/20

1.1330の壁を上抜ければ上昇し、上抜けられなければ下落する可能性

1.1330

上抜けできずに大きく下落

4/18

常に相場の上方向と下方向の可能性を考えつつ、その場合どこまで動きそうか、という戦略やシミュレーションを常にしていることがわかるでしょう。

見えない売り手と買い手が潜む場所

キリのよい数字や パリティなどの節目に注意

≫キリのいい数字は壁になる

　値動きを追ううえでは、チャートの壁と同様に、値段の節目も要注意です。**ここには見えない壁があります**。過去にチャートの高値や安値があるかどうかに関係なく、値動きが止まりやすい、売り手と買い手がこう着しやすい、ということです。

　具体的には、**ドル円のような円のペアなら、111.000円や111.500円というキリのよい数字**です。つまり下3桁が000や500となる場合です。さらに110.000とか、100.000というようにさらにキリのよい数字は注目されやすくなります。

　これがドルストレートやユーロクロス、ポンドクロスなど円を除く通貨ペアであれば、0.98000や、1.03000、1.03500などです。

　特にパリティ（parity＝等価）は非常に注目されます。**パリティはユーロドルなら1ユーロ＝1.0000ドル、ポンドドルなら1ポンド＝1.0000ドル**で、ユーロとドルが等価、ポンドとドルが等価、ということです。身近なドル円に例えると、（パリティではありませんが）1ドル＝100円ちょうどのような大きなインパクトのある数字です。

　ちなみに円のペアでは、1ドル1円、1ユーロ1円などがパリティですが、デノミネーションでもしない限り実現しないでしょう。そうした意味では、ドル円の100.000円、ユーロ円の100.000円はパリティと同じくらい大きな節目、つまり大きな壁となります。

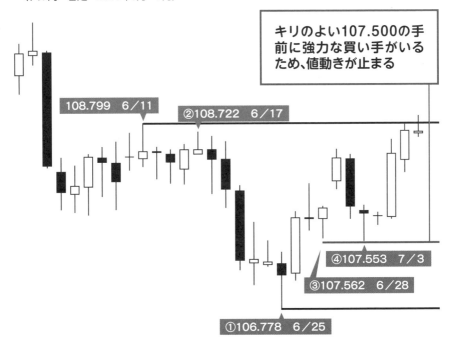

図10. キリのよい数字に対する値動き

〈ドル円　日足　2019年6月～7月〉

キリのよい107.500の手前に強力な買い手がいるため、値動きが止まる

108.799　6／11

②108.722　6／17

④107.553　7／3

③107.562　6／28

①106.778　6／25

≫あくまで相場の転換点を探るのが目的

　こうした値段の付近では、日々のチャートや値動きとは関係ない長期のオーダーや、オプションに関連したオーダーも入ってきやすくなります。

　図10は、ドル円日足の2019年6月から7月の動きです。

　ドル円日足は6月25日に106.778（**図内①**）まで下げますが、終値は107.159でした。その後、翌6月26日は25日高値を上抜けるので、これで6月11日と25日でレンジになります。

　このとき、厳格にダウ理論だけを考えると、レンジの高値は6月11日ではなく、6月17日の108.722（**図内②**）です。しかし、6月11日高値から上値が抑えられており、その中に6月17日があります。

そして、この２つの高値は値段差もわずかです。となれば、少し高いほうを選んでも大差なく、かつ安いほうを選んだためにストップが付いたらアホらしいので、高いほうを選択してよいでしょう。

トレーダーは**高値や安値を見つけるのが目的ではなく、相場の勢力が切り替わる場所を探るのが目的で、高値や安値はそのための手段**に過ぎません。

≫キリのよい数字は時間軸に関係なく影響する

少し話がそれましたので、戻します。

こうして判断した**図10**の６月11日と25日のレンジの中を上がりかけた動きは、その後、27日に再び下げそうな動きになります。色線で示した部分は、６月28日安値107.562（**図内③**）と、７月３日安値107.553（**図内④**）で107.500が意識された模様で下げません。107.500の手前には買い手がいる、と考えられます。

このときのマーケットでは107.500に40億ドルから50億ドルのオプションがあると噂されていました。107.500はキリのよい数字ですし、オプションもあって値動きが止まりやすく、まとまったオーダーが置かれている場所だったわけです。

このようなキリのよい数字や節目にある見えないオーダーは、時間軸に関係なく影響します。**000や500などのキリのよい数字の付近には見えない壁がある**と考えておきましょう。特に、**短い時間軸では利**

図11. ドル円の値動きに対するツイート

> 田向宏行 @maru3rd・4月15日
> ドル円は112円付近の攻防。　112.13付近の3/5高値が意識されるし、日米貿易協議を気にするファンダメンタリストもいるだろうし、オプションもあるかもしれない。　3/5高値を上抜けると月足が高値更新となるので、114円手前まで上昇の可能性が出てきそう。　今週中に3月高値を上抜けるかが注目。
> 💬　⟲ 11　♡ 63

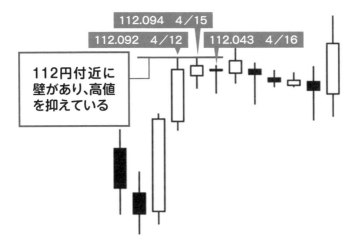

図12. ドル円の実際の値動き

〈ドル円　日足　2019年4月〉

112.094　4／15

112.092　4／12　　　112.043　4／16

112円付近に
壁があり、高値
を抑えている

幅も狭いので、これらに近づいたら反対の動きが起こりやすいと警戒
しておきましょう。

　私のツイッター（@maru3rd）でも、こうした節目を意識したツイー
トは頻繁にされています。このツイート（**図11**）は2019年4月15日
のものです。前週末の金曜日の高値が112.092で112円付近であった
ことに加え、週明けの4月15日も高値は金曜とほぼ同値の112.094
でした。ここを上抜けないため、112円付近に壁があることを意識し
てツイートしています。

　このときの値動きをチャートで確認すると、**図12**のドル円日足の
ようになり、単に高値が抑えられ上値が伸びないだけでなく、112円
付近で日足高値が並んでいることから、ここに見えない壁がありそう
だと考えていることがわかります。

　このように、キリのよい値段付近には見えない壁ができやすく、ほ
ぼ同じ値段付近で高値や安値が抑えられることもあります。

日足でなく週足で動いているかもしれない

相場を動かしている
時間軸を探す

≫相場に振り回されないよう立ち位置を決める

　時間軸が違うと、レンジの高値や安値、またはサポートやレジスタンスの強さや意味が違ってくることは、これまでも話をしてきました。ここでは、そのしくみを考えてみましょう。

　相場はさまざまな要因で動きますし、さまざまなタイプのトレーダーが取引しています。**画面の向こうに自分と同じような個人投資家が同じように取引していると思ったら大間違い**です。素人が想像もつかないような巨額の資金を動かしている人や、個人レベルでは気が遠くなるような長い時間軸で取引している人もいます。

　世界中のお金が集まる為替相場は素人の私たちが思っている以上に複雑です。だからこそ、**惑わされないように自分の時間軸、つまり相場に対する立ち位置を決める**必要があります。

　これができていないと、相場に振り回されやすくなってしまいます。自分の立ち位置が決まったら、その時間軸で相場がどう動いているかを分析していきます。

≫上昇トレンドと思ったら下落してきた……

　相場がトレンドであれば、高値更新や安値更新が続くはずです。レンジブレイクが同一方向に続くのがトレンドだからです。

　しかし、トレンドが続かない場面も起こります。高値を上抜けて上

昇すると思ったのにあまり上がらず、結局は転換点を割って下落したり、下落トレンドになるかと思ったら転換点を超えて上昇したりする場面です。ダウ理論ではうまくいかないと感じるのもこのような場面でしょう。ＦＸ相場の特徴として、トレンドが出て動き出すと、その方向に動きやすい傾向があります。しかし、方向が定まらない場面で自分の立ち位置に固執していると、"往復ビンタ"を食らってしまうかもしれません。トレンドを探して取引するのはＦＸ取引の王道ですが、時間軸が合っていないとトレンドになりません。

　ダウ理論がうまくいかず、アレッと思う場面では、時間軸を切り替えてみることがチャート分析のコツです。自分の時間軸でトレンドが出現したと思ったのに続かないのなら、より長い時間軸でレンジの中である可能性を考えます。時間軸を変え、視点を変えるわけです。相場分析ではこうした柔軟な考え方も必要です。

　次ページの**図13**は、2018年２月から８月の豪ドル円日足です。
　３月５日安値までは下落トレンドですが、３月13日に転換点である２月27日高値を上抜けたところから、日足の方向感がなくなります。レンジの高値を上抜けたかと思うと、次のレンジは転換点を下抜けてしまい、方向が定まりません。
　いうまでもなく、上昇トレンドとなるためには、この転換点（３月７日安値）を下抜けてはいけないわけです。ということは、この時間軸（日足）では方向感が定まっていないことが示されています。
　方向感が定まらない状態は、レンジの中とお話ししたように、こうした状況が起これば、**もしかしたら自分の時間軸が相場に合っておらず、実はより広い時間軸のレンジの中かもしれない、と考える**必要があります。早い段階でこう考えることができると、無駄な取引が減って資金を温存できます。なお、この**図13**で厳密にレンジを示すともっとありますが、本項の趣旨はそこではないのでいくつか省略しています。

図13. 方向が定まらない日足チャート

〈豪ドル円　日足　2018年2月〜8月〉

次々にレンジが逆方向に切り替わり方向が定まらない　→　より広い時間軸のレンジの中にある可能性を考える

　図14は、時間軸を先ほどの**図13**の日足から、週足へ長くしたもので、表示されている期間はほぼ同じです。すると、週足では高値は3月13日、安値は3月23日でレンジになっていることがわかります。週足のレンジの中なので、日足は方向感なく上下しています。つまり、この豪ドル円では、日足ではなく、週足で動いているわけです。

　日足が2月27日高値を上抜け転換したと考えたとしても、その買いポジションが3月7日安値を下抜けて損切りさせられた時点か、再び下向きになって下げた動きが、3月21日高値を上抜けて損切りさせられた時点では、週足の動きを確かめる必要があります。

　また、こうした**週足のレンジであれば、レンジの上限で売ったり、レンジの下限で買う戦略を取ることができます。週足の強い壁を使って逆張り戦略を取る**わけです。壁を明確に認識しているからできる戦略で、前掲の**2章図15**（61ページ参照）で示した②や③は、こうした戦略を示しています。

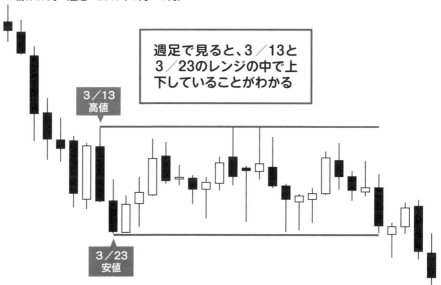

図14. 時間軸を広げた週足チャート

〈豪ドル円　週足　2018年2月～9月〉

週足で見ると、3／13と
3／23のレンジの中で上
下していることがわかる

3／13
高値

3／23
安値

3

相場の壁を意識したFXトレードの実践

　なお、細かな点を補足しておきます。

　本書でチャートを提供いただいているYJFX！（現：外貨ex byGMO）のチャートで同じ期間を確認するとわかりますが、実は一度だけ3月13日高値（84.518）を上抜ける場面があります。これは6月7日高値（84.530）で、一瞬ですが、レンジを1.2pips上抜けています。ただ、通貨ペアが豪ドル円なので、流動性の点から、ここは3月13日のレンジ内と考えてもいいと思います。

　もし、3月13日高値の上でレンジブレイクの買いポジションをオーダーするなら、スプレッドと壁の厚さを考慮して、数pips離すはずなので、ここでの買いポジションは執行されないはずです。

横軸ではなく縦軸でタイミングを見る

取引タイミングが
損益を決める

≫取引タイミングとは何を指すのか

　ＦＸ取引では、どのタイミングでポジションを持つか、そしてどのタイミングでポジションを閉めるかが損益を決めます。ＦＸ取引は、「どこで入って、どこで出るか」だけなのです。

　では、この取引タイミングは何を指すのでしょうか。「タイミング」という言葉から「時間」を想像しがちですが、相場では違います。すでに十分理解してもらっていると思いますが、値動きを追う相場取引での「タイミング」とは、「値段」です。「いつ」ではなく「いくら」ということです。

　チャートは縦軸に値段、横軸は時間が示されています。タイミングが縦方向の値動きだとなれば、タイミングの違いは何によって起こるのでしょうか。

　大きな理由は時間軸です。１本の日足は24本の１時間足に分解できます。15分足にすれば96本にもなります。こうなると、１本の日足では高値と安値しかわからないものが、24本の１時間足では１日の相場の山や谷が見えてきます。15分足ならなおさらです。

　このように時間軸を変えると、その中にある小さな相場の波が見えるようになり、それに合わせて取引タイミングも変わってきます。

　図15は、キウイ円（NZDJPY）の日足で2019年６月のものです。日足は、６月10日高値72.250と、６月18日安値70.268のレンジになっています。日足で取引するとなると、このレンジの上限の壁か、

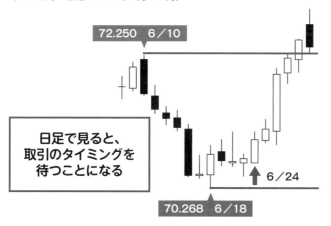

図15. 日足で見たキウイ円

〈キウイ円　日足　2019年6月〜7月〉

72.250　6／10

日足で見ると、
取引のタイミングを
待つことになる

6／24

70.268　6／18

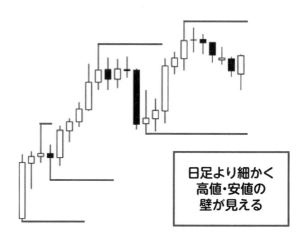

図16. 1時間足で見たキウイ円

〈キウイ円　1時間足　2019年6月24日〉

日足より細かく
高値・安値の
壁が見える

下限の壁が取引タイミングです。

　しかし、それでは取引タイミングを待つことになります。

　そこで、矢印で示した6月24日時点で考えてみましょう。この日
の動きを1時間足にすると**図16**のようになります。

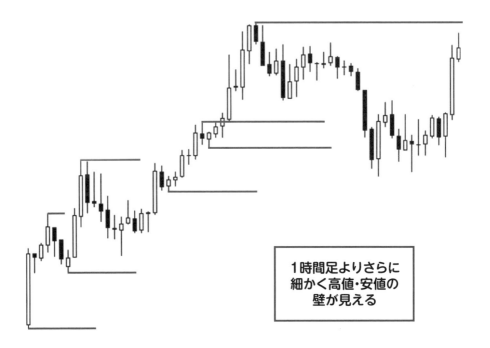

図17. 15分足で見たキウイ円（一部）

〈キウイ円　15分足　2019年6月24日〉

1時間足よりさらに
細かく高値・安値の
壁が見える

　前ページの**図16**のように１時間足にすると、１本の日足が24本に
なり、いくつかの細かな高値や安値が見えてきます。となると、こう
した高値・安値を壁とした取引タイミングが考えられます。

　さらに、この６月24日の動きを15分足にしたものが**図17**です。な
お、スペースの都合で１日分の96本は表示していません。15分足は
より細かくなり、さらに高値や安値が増えます。このように、時間軸
でレンジ幅が変わり、取引タイミングが違ってくるわけです。**ＦＸ取
引のタイミングはチャートの横軸ではなく、縦軸の値動きの中**にあり
ます。そして**タイミングの違いは時間軸の違い**、ということを十分に
理解しておきましょう。そのためずっと本書で解説している時間軸を
切り替える視点を身に着けることが重要なのです。

時間軸を下げて取引チャンスを増やす

レンジが大きければ
小さな壁を探す

≫レンジ幅が広いときは時間軸を下げてみる

　次ページの**図18**をご覧ください。これはドル円の日足で、2018年12月から2019年3月の動きです。

　このときのドル円の日足レンジは約6円50銭幅です。このため日足のレンジブレイクでポジションを持とうとすると、かなり長期間待つことになります。

　実際、2019年1月3日から始まる6円半幅のレンジは、2月28日に高値を上抜けるまで、2カ月間続きました。ドル円相場は年間の変動幅が10円程度ですから、6円半のレンジは大きなレンジです。

　このときは1月3日のフラッシュクラッシュで大きく動いた後でこう着していたという事情もありますが、レンジが大きければ抜けるのを待つ時間も長くなります。レンジ幅が広く待ち時間が長いということは、当然、取引機会もありません。もちろん日足に従ってオーダーを置いておき、後は放置していてもまったく構いません。ただ、時間軸を下げると、6円幅のレンジの中で数円幅の値動きを狙えるようになります。つまり、**状況に応じて複数の時間軸で柔軟にチャートを見ることができると、取引チャンスを増やすことができる**わけです。

　例えば、次ページの**図19**は2019年1月7日の15分足で、日足が6円幅のレンジになっている中の1日分、96本の15分足が表示されて

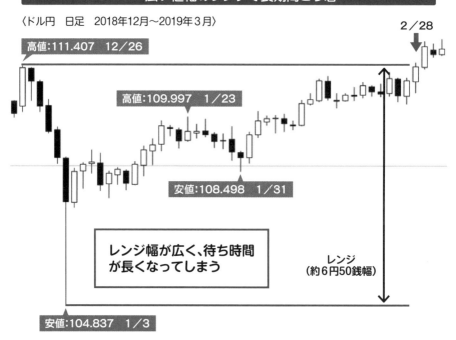

図18. 広い値幅のレンジで長期間こう着

〈ドル円 日足 2018年12月〜2019年3月〉

2／28

高値：111.407 12／26

高値：109.997 1／23

安値：108.498 1／31

レンジ幅が広く、待ち時間
が長くなってしまう

レンジ
（約6円50銭幅）

安値：104.837 1／3

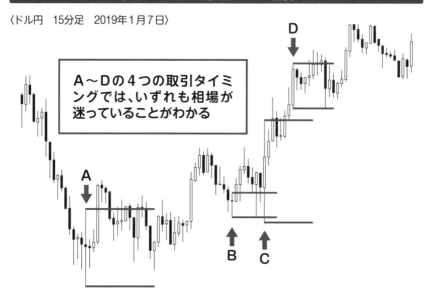

図19. 15分足チャートが示す4つの取引タイミング

〈ドル円 15分足 2019年1月7日〉

D

A〜Dの4つの取引タイミ
ングでは、いずれも相場が
迷っていることがわかる

A

B C

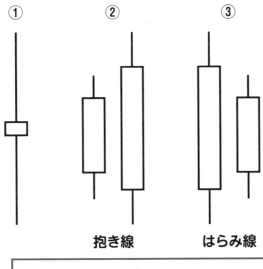

図20. 相場の迷いを示すローソク足

① ② ③

抱き線　　　はらみ線

これらのローソク足の上か下に抜けた
ときがエントリーのタイミング

います。この中でもチャートを細かく見ると、Ａ、Ｂ、Ｃ、Ｄの４つ
くらい取引タイミングを見出すことができます。そして、チャートを
よく見ていただくと、これらのローソク足は似た形をしています。特
にＡ、Ｂ、Ｃはまったく同じ形です。Ｄは少し違いますが、この４つ
のローソク足はいずれも相場が迷ったことを示しています。

　前著「ずっと使えるＦＸチャート分析の基本」では、相場が動くパ
ターンとして２本のローソク足で先行きを考える４つのパターンをご
案内しましたが、今回は相場の迷いを示すローソク足のパターンです
（**図20**）。

　①は先ほどの**図19**のＡ、Ｂ、Ｃです。②と③は前著でも、値動き
の基本パターンとして紹介した４つのうちの２つです。酒田五法では、
②は「抱き線」と呼ばれますし、③は「はらみ線」と呼ばれるものです。

　なお、この図ではすべて陽線になっていますが、陰線でも陽線でも

大きく違いません。重要なのは、このローソク足の高値と安値で相場が迷ったことを示している、ということです。このようなローソク足が出ると、短い時間軸の中でも上か下かで迷ったので、このローソク足の上か下を抜けたタイミングでエントリーができますし、損切りはローソク足の反対側に置くことができます。つまり、こうした相場の迷いを示すローソク足は、レンジと同じということです。

　86ページの**図19**のドル円15分足のA、B、C、Dそれぞれの高値と安値は約20pipsぐらいなので、損失を20pips～25pips程度に限定できます。また、動き出した後は、一方向に動いていることも注目です。

　ただ、Bだけは、Cの安値がわずかにBの安値を下抜けていて、取引の仕方によっては損切りになるかもしれません。ただ、現実のマーケットではこうしたこともよくあるので、そうした損失が一定割合であることを踏まえたうえで、確率的に高い取引を繰り返すのがＦＸ取引の王道です。

≫ 5分足でも同じ理論で相場は動く

　もうひとつ、より短い時間軸の中で相場が迷った例を紹介しましょう。相場の考え方はどの時間軸でも同じです。この**図21**はユーロポンドの5分足で、2018年11月14日から15日にかけての動きです。

　図21内に矢印Aで示したのが前ページの**図20**の①の足の例。そして、次の矢印Bの大きな陰線と続く陽線は③のはらみ線の例です。5分足なので、値幅は5pipsから10pips程度とわずかですが、ときにはほかの時間軸の動きと重なり、3つ目の矢印Cのように大きく（それでも25pips程度）動くことも起こります。

　値動きの基本に従うチャート分析ができれば、こうしたタイミングで取引することもできるということです。ただし、こうした短い時間軸での取引では、トレーダーの技術習得の段階が関係してきます。

図21. 短い時間軸の中で相場が迷った例

〈ユーロポンド　5分足　2018年11月14日〜15日〉

A

B

約25pips上昇

約5pips下落

**値幅はわずかだが、
ひとつの取引タイミ
ングとして使える**

約10pips下落

C

　日足で高値や安値をうまく見つけられない段階の人は、まず日足に
従うべきです。ゆっくりとした動きで判断ができないのに、早い動き
を見極めることはできません。まず**日足のチャート分析に慣れ、それ
ができた人は、時間軸を変えた視点にトライするのがよい**でしょう。

複数の時間軸を
チェックしてみよう

乗り遅れた相場での安全な入り方
トレンド途中の
エントリー・タイミング

≫乗り遅れたら時間軸を短くして入る

　自分の時間軸が決まっていれば、本来ならレンジの壁を超えたところをエントリー・タイミングとする逆指値注文を置いているはずです。だから相場を見ていなくてもあらかじめ戦略を立てるだけで利益を狙えるわけです。

　しかし、すべての通貨ペアでオーダーを出しているとは限りません。またオーダーを出す前に、すでにレンジをブレイクして動き出している場合もあるでしょう。このような場合にどう対処して、安全を確保したエントリー・タイミングを見つけるか、という課題もあります。

　この場合は、時間軸を短くします。
　長い時間軸ではトレンドなのに、短い時間軸ではレンジとなる場面を利用します。
　自分の基準としている時間軸がすでに動き出してトレンドが続く中でも、時間軸を短くすると一時的にレンジになる場面があります。レンジがあれば、そこに相場の壁があり、レンジブレイクでエントリーできますし、レンジの反対側に損切りを置くことでリスクを限定できます。
　ただ、この場合は長い時間軸、つまり自分が使っている時間軸でトレンドが出ているので、そのトレンド方向だけのエントリーです。相場が転換したと考える必要がないからです。例えば日足がレンジブレ

イクして上昇トレンドになっているなら、値動きは上がる可能性が高くなっています。そこで１時間足や、15分足で小さなレンジを見つけ、上方向のレンジブレイクだけ仕掛けます。

こうすることで、もし、さらに下げても損失は短い時間軸なので限定的ですし、上昇の動きになれば入りそびれた買いポジションを少し遅れてもつくることができます。

相場の先行きは誰にもわからない、といいながら、下げた時間軸で逆方向のレンジブレイクに備える必要がないのはなぜでしょうか。

もし、逆方向に動いたとしても、大きな流れに逆らった動きです。時間軸は長いほうが強い動きになるからです。ということは、トレンドとは逆方向の動きが大きなポジションに成長する可能性が低いことになります。だから、ここで転換を考える必要はないのです。

≫動き出している相場でもチャンスを逃さない

事例として、2019年４月から６月のポンド円の動きを見てみます。ポンド円は５月３日高値146.500から６月４日安値136.561まで、１カ月で10円下落する下落トレンドになっています。この大きな下落トレンドは、ダウ理論どおりの下げで、事前に取引戦略を立てることができています。

私は４月25日に、以下のようにツイートしていました（**図22**）。

ポンド円が143円台にあるときに、チャート分析から133円台に向かう可能性を考えています。このポンド円の動きは、４月26日に西

図22. ポンド円の値動きに対するツイート

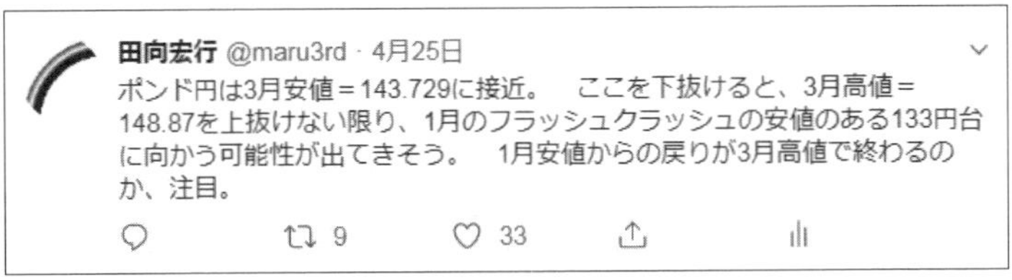
田向宏行 @maru3rd · 4月25日
ポンド円は3月安値＝143.729に接近。　ここを下抜けると、3月高値＝148.87を上抜けない限り、1月のフラッシュクラッシュの安値のある133円台に向かう可能性が出てきそう。　1月安値からの戻りが3月高値で終わるのか、注目。
9　33

図23. ポンド円の値動きに対するメルマガ配信

投稿時間：2019-04-26 11:31:15
ニックネーム：田向宏行

ポンド円の143円70付近

ポンド円は昨日143.757まで下げました。
この143円台後半には、2/22安値＝143.786、3/11安値＝143.729、
3/29安値＝143.832があり、重要な分岐点となり得るレベルです。

3月安値は、3/11＝143.729なので、ここを割り込むと、4月足は3月高
値を上抜けできなかっただけでなく、3月安値もしたぬけることになり、
GBPJPYは下げる可能性が高まります。

（以下、省略）

　原メルマガの補助配信でもう少し細かく説明しています（**図23**）。要
約すれば、「143.70付近に厚い壁があるから、抜ければ大きく動くだ
ろう」ということです。
　3月安値143.70付近は2カ月以上にわたり下値を支えたところで
した。約2カ月と時間的にも長く、この付近は厚い相場の壁になって
います。しかし、だからこそ壁を抜けると大きく下げる動きになるの
はセオリーどおりで、実際、下落トレンドが発生しました。
　その後、ポンド円は**図24**の日足チャートのように5月8日に4月
25日安値143.757と3月11日安値143.729を割り込みます。つまり、
2カ月ぐらい安値を支える壁になっていた143.70付近（下値抵抗帯
なので「付近」である点に注目）を割ったわけです。このためポンド
円は、大きな壁を突破して6月の136.561まで一気に下げて行きます。
　このときのダウ理論を知っている人の取引オペレーションは、
143.70付近に売りの逆指値を置いておくはずです。こうすることで、
143.70の壁がいつ崩れても売りポジションがつくれるからです。相
場を見ていなくても大きなチャンスを逃がさなくてすみます。

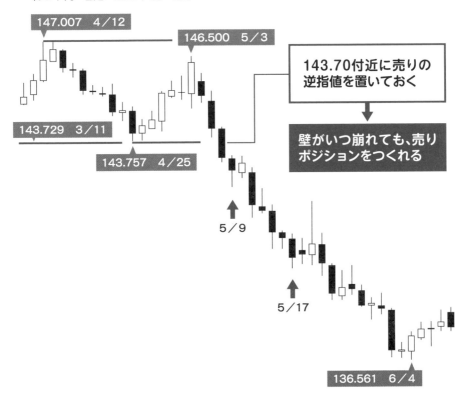

図24. 乗り遅れた場合のエントリー

〈ポンド円　日足　2019年4月〜6月〉

147.007　4／12

146.500　5／3

143.70付近に売りの
逆指値を置いておく

壁がいつ崩れても、売り
ポジションをつくれる

143.729　3／11

143.757　4／25

5／9

5／17

136.561　6／4

　しかし、人間ですから見落としもありますし、逆指値を置いていない場合もあるでしょう。こうなると、すでにトレンドが出た動きを追いかけるのは少し躊躇してしまいます。相場は急に動いたら、急激に戻ることを経験している人は、勢いでポジションをつくったら、そこがド底だったり、ド天井だったりした記憶が蘇ってきてしまいます。特にこの通貨ペアは"殺人通貨"とも呼ばれる「ポンド」です。

≫トレンド途中からどのように入るか

　トレンド途中から入るタイミングを５月９日と５月17日の２つの事例で見てみましょう。なお、ここでは２つの例を示しましたが、こ

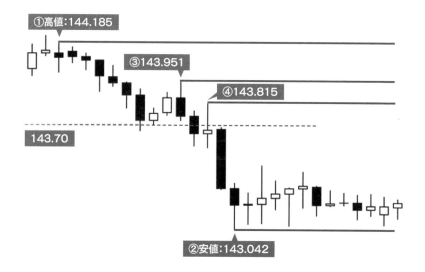

図25. ブレイクから1日遅れたときのエントリー

〈ポンド円　1時間足　2019年5月8日〜9日〉

①高値:144.185

③143.951

④143.815

143.70

②安値:143.042

の下落の動きの中であれば、どこでも同じように、タイミングを計ることができます。

　では、まず大きな壁であった143.70付近のブレイクから1日遅れて5月9日に参入する場合を1時間足で考えてみましょう（**図25**）。
　前日5月8日の高値＝144.185（**図内①**）、安値＝143.042（**図内②**）です。ということは、5月9日に値段をチェックした時点で、前日安値を割っていなければ、この安値143.042の下に逆指値を置くことで、下落トレンドに参入できます。日足が安値更新すれば下落トレンドが続くからです。
　この前日安値割れはエントリー・タイミングとしては1日遅れになり、レンジ下限だった143.70割れより約70pips下で入ることになります。

取引戦略で重要なのは、損切りをどこに置くかです。

　１時間足チャートを見ると、前日高値＝144.185と前日安値＝143.042の間に、143.951（**図内③**）や143.815（**図内④**）の高値が見つかります。これで損切りを143.815か、143.951、または前日高値144.185の上に置くことができるようになります。つまり前日安値143.042で逆指値したＩＦＤオーダーですね。

　ここで時間軸が１時間足であることを思い出してください。時間軸を短くするということは、戦略の判断は早くしなくてはなりません。

　前述の３つの高値が損切り値の候補ですが、迅速にオーダーを置きたいので、まずは一番遠い、144.185の前日高値の上でＩＦＤ注文を出してしまいましょう。こうすることで、相場が下に動いたときにすぐにポジションをつくれますし、損切りもひとまず設定できていることになります。

　つまり、**トレンドに乗り遅れたら、まず前日安値と前日高値で参入のオーダーをしてしまう**、ということです。

　その後売りポジションができたら、つまり前日安値を下抜けたら、ダウ理論どおり直近の高値に損切りを移動させることになります。こうすることで、大きな日足の動きに遅れて乗りながらも、リスクは１時間足で最小限にしていることになります。

　では、次に、すでに前日安値143.042を下抜けてしまった場合にどうするかを考えてみましょう（**図26**）。

　このとき、次ページの**図26**のＡの時点の場合は、前の１時間足が前日安値143.042（**図内⑤**）を下抜けており、直近安値なので、この１本前の１時間足安値を下抜けるところが参入タイミングになります。直近高値は143.246（**図内⑥**）なので、この上に損切りを置くことになります。

　では、さらにチャートを見るのが遅く、Ｂの時点だったらどうでしょ

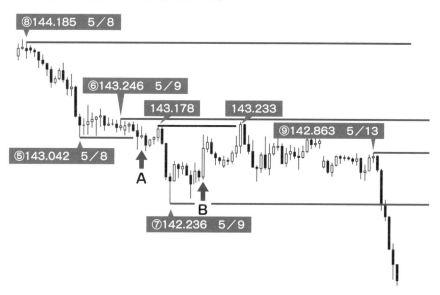

図26. 前日安値を下抜けた場合（5月9日の事例）

〈ポンド円　1時間足　2019年5月8日〜14日〉

⑧144.185　5／8

⑥143.246　5／9

143.178

143.233

⑨142.863　5／13

⑤143.042　5／8

A

B

⑦142.236　5／9

うか。

　この場合の直近安値は142.236（**図内⑦**）で、ここは結果として5月9日の安値になります。ただ、Bの時点は5月9日の途中なので、5月9日の暫定高値＝143.246、暫定安値＝142.236となり、5月9日の値幅（レンジ内）にあります。

　ここで気をつけるべきは、売る戦略なので安値は142.236で間違いありませんが、高値は143.246とは限らない、ということです。この後、ポンド円が上昇して5月9日の高値はさらに上がるかもしれません。ですから暫定の高値ではなく、確定した高値としては前日5月8日高値とのレンジを考えるべき、となります。となると、売買方向は143.70付近の下抜けで下方向で決まっていますから、売りの逆指値を142.236の下に置き、ＩＦＤの損切り決済注文はひとまず前日高値144.185（**図内⑧**）に置いてオーダーを出すことになります。

　その後は、いつもの理論どおりで、5月13日に142.236を下抜けレンジの下限を下抜けたところで売りポジションができるので、損切

りを直近高値の142.863（**図内**⑨）の上に移動させることになります。

　次に５月17日の例を考えてみます。

　この５月17日前後の１時間足が次ページの**図27**です。こちらも同じように５月17日にチャートを見た時点で前日安値140.206を下抜けていなければ、前日安値の下に売りの逆指値を置きます。損切りは前日高値140.786の上です。

　そして、すでに前日安値を下抜けてしまっている場合、新たな安値更新でポジションをつくるように逆指値します。つまり、昨日安値を下抜けた直近安値の下に逆指値注文を出します。ただ、高値はまだ未確定なので、この時点で確定している高値である前日高値140.786の上を損切りポイントとして注文します。

　そして売りポジションができたら、１時間足の直近高値に損切り注文を移動させますが、この損切り注文はエントリー・タイミングによっては翌週明けの５月20日高値を付ける過程で執行されて損切りさせられます。

　また、もし、５月20日高値で損切りにかからなかったとしても、５月21日の急騰では必ず切らされてしまいます。これは仕方のないことです。

　相場では、こうした決められたとおりのことをしていても、予期せぬ損切りをせざるを得ないことがあるので、甘受せざるを得ません。これも相場です。

　ただし、売りの逆指値が偶然、５月17日安値の下で注文されていた場合だけは、売り注文が執行されないので、ポジションができるのは５月22日になり、その後は93ページの**図24**の日足にあるように136円ミドルの６月４日安値まで約３円下げる動きに乗ることができます。

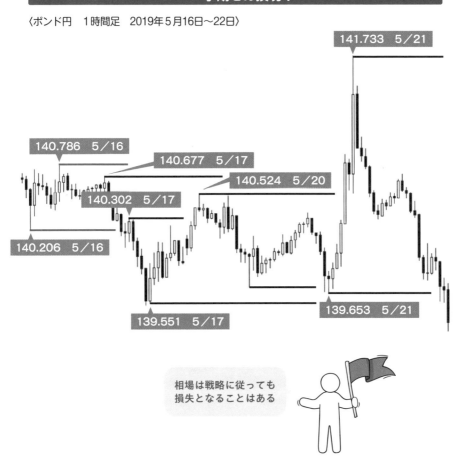

図27. 予期せぬ損切り

〈ポンド円　1時間足　2019年5月16日〜22日〉

141.733　5／21

140.786　5／16

140.677　5／17

140.524　5／20

140.302　5／17

140.206　5／16

139.551　5／17

139.653　5／21

相場は戦略に従っても
損失となることはある

チェックポイント
CHECK POINT

①トレンドが動き出している場合でも
　短い時間軸でレンジを見てエントリー
②トレンドに乗り遅れたら前日安値と
　前日高値でオーダーする

レンジブレイク後に戻される

損失につながる
トラップのしくみ

≫逆の立場の損切りをまき込めるかが重要

ダウ理論はこれまで話をしてきたとおり、相場の壁を見つけ、この壁をブレイクするタイミングで取引を開始するのが基本です。

レンジブレイクで、売り手と買い手の均衡が崩れています。これで相場が一定方向に動き出すので、トレンドが起こりやすいと考えられるからです。

ただ、レンジブレイク直後に大きく動かず、戻される場面もあります。最悪の場合は、ブルトラップやベアトラップとなって損失になってしまうこともあり、この点をなんとかしたい、と考える人も多いのではないでしょうか。

レンジブレイクで相場が動くというのは、売り手と買い手の均衡が崩れたからですが、この付近に損切り注文もあると、動きやすくなります。

例えば、レンジの上限にある壁の場合、この壁になっている高値の

図28. レンジブレイク後の上昇のしくみ

買い

売りの損切り
（買い）

壁

図29. レンジブレイク後の上昇が弱まるしくみ

売り

買い

売り

売り

壁

上には、前ページの**図28**のように、新規の買い手の買い注文と、売り手の決済となる買い注文があるはずです（**2章図15**参照）。レンジ内で売り手より買い手が勝ったのでレンジブレイクしますが、その売り手の損切りも壁の上にあると、この両方の買いが執行され強く上昇します。

　しかし、こうならないとレンジブレイクしても動きが弱くなります。例えば**図29**のように売り手の多くが、強い下落を確信していて、たとえこの壁を上に突破しても大きな下落の流れは変わらない、と考える売りが多いような場合です。こうなると、まず売り手の損切りである買い注文があまりありません。そして、多少上昇しても、壁の上には売り手が厚く存在して、売ってくるため値動きは上がらなくなります。すると、レンジブレイクでも上昇しにくくなります。これが**トラップ**と呼ばれます。

　この場合は上方向へのレンジブレイクが失敗しているので、ブルトラップです。

　エコノミストがブルトラップの例として紹介するのが、ドル円の2019年4月の動きです（**図30**）。ドル円は3月5日に112.135の高値を付け、4月17日に高値更新し、4月24日に112.398まで上昇したのに、その後下げた動きです。

図30. ブルトラップの例　日足チャート

〈ドル円　日足　2019年2月〜5月〉

売り手優勢だとレンジを抜けても上昇を抑えられる

レンジを上抜けるが、その後下落している

壁

高値112.135　3/5

高値112.165　4/17

高値112.398　4/24

111.690

110.838

安値110.355
2/27

安値109.708

　ただ、この場合、賢明な読者のみなさんはこのチャートを見て気づくでしょう。そもそも、ドル円日足は上昇トレンドではありません。3月5日に高値を付けた後、この高値との日足レンジになる2月27日安値110.355を下抜けており、その後109.708まで下げています。日足のドル円はこの時点で方向感を失っています。

　ただ、この期間の週足チャート、次ページの**図31**を見ると、2019年3月高値112.135を4月17日に上抜けて112.165を付けます。そして翌週4月24日には112.398まで上げますが、続かず、その後は下げて行きました。

　3月高値112.135と4月高値112.398では26.3pipsしか上げておらず、レンジを上抜けたのに抑えられていて、これがブルトラップに

図31. ブルトラップの例　週足チャート

〈ドル円　週足　2019年1月～3月〉

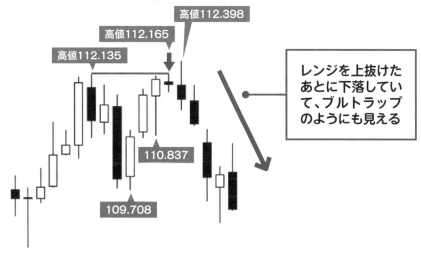

高値112.398

高値112.165

高値112.135

レンジを上抜けた
あとに下落してい
て、ブルトラップ
のようにも見える

110.837

109.708

見えます。

　しかし、しっかりとチャートを確認すると、ドル円週足は**図32**のように2018年11月28日高値114.034と、フラッシュクラッシュの2019年1月3日104.837が週足のレンジです。

　ということは、先ほどの**図31**は、レンジ内の動きを理論に従わずに切り取っただけなので、あまり意味がありません。

　少し脱線しますが、証券会社やエコノミストがチャートやグラフを使って説明する場合も、このように説明に合わせて都合よく切り取ると、それらしく見えてしまいます。それが事実かどうかを確かめるチャート分析技術を持っていることは大事です。

　そこで、ダウ理論の週足のレンジに従ってチャートを見直すと、レンジの上限114.034に近付いた112円台に入って、上値が重くなった、ということになります。

　114円に週足のレンジの上限という大きな壁があるわけです。また、

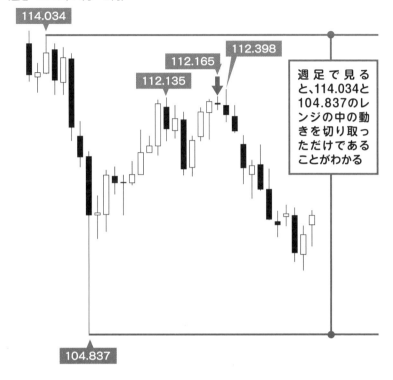

図32. ブルトラップの例　週足チャート（ワイド）

〈ドル円　週足　2018年11月〜3月〉

114.034

112.398

112.165

112.135

週足で見ると、114.034と104.837のレンジの中の動きを切り取っただけであることがわかる

104.837

ここでは掲示しませんが、月足は、2017年５月から１年半にわたり114円台が高値となっていて、114円台は強力な厚い壁があることになります。

　すると、このチャートが示す事実を知っている人は、113円台では売りを仕掛けるでしょうし、他人より早く仕掛けようとする人は112円台で仕掛けてきます。月足は10円以上動く場合もありますし、この週足のレンジでも値幅は10円近くあります。

　買い手が動くタイミングとなる112.135や112.165の日足の壁は、チャートを読み取ることができる人にはみんな知られています。そして買い手が入れば、下には損切りの売りオーダーが置かれます。この

ため、売り手は、一旦買い手が入って、少し上がりかけたところで売りを仕掛けたほうが、買い手の損切りを巻き込んで一気に下げやすくなります。

　また、月足や週足を見ている売り手は、レンジの上限まで2円ぐらいであれば、下限まで5円とか7円の値幅を狙える売りのタイミングであり、112円台113円台での仕掛けが十分魅力的です。

　こうしたトレーダーの思惑は、チャートを読み取り売り手や買い手のポジションを想像しつつ、現実の動きを見て推測せざるを得ません。このためには、**時間軸を切り替えて、売り手や買い手がそれぞれ優位となりそうなタイミングがどこか**、ということを考えることが重要になります。

　本章で話をしてきたように、**複数の時間軸を見て総合的に相場を判断する習慣をつける**と、より収益につながりやすくなるのではないでしょうか。

　トラップの動きは収益に重要なので5章で改めて説明します。

相場の壁を
意識しよう

チェックポイント
CHECK POINT
①レンジを上抜けても売りが多くあれば
　ブルトラップとなり下落に転じる
②複数の時間軸を見て売り手・買い手が
　優位なタイミングを読み取る

4章

ダウ理論を
テクニカル指標で
補強する

ダウ理論より
大きな利益を
狙う

ダウ理論に時間軸の視点を加え戦略を立てる

レンジブレイクを待たずに
レンジの中でも狙いたい

≫レンジブレイク待ってからポジションを持つダウ理論

　１章で触れたように、レンジブレイクより早いタイミングで相場に入ると、方向性さえ合っていれば、リスクを小さく、利益を大きくすることが期待できます。

　レンジは売り手と買い手が拮抗している状態です。よってレンジの中では、相場がどちらに動くかは、わかりません。

　レンジ内で方向性がわからない点は、トレンド中のレンジでも同じです。トレンドはレンジブレイクが同一方向へ繰り返している状態ですから、それまで動いてきた方向に継続して動く可能性が高いと思えます。
　しかし、**相場はいつか必ず流れを変えます。レンジは売り手と買い手が交錯する場面ですから、レンジ内は常に相場が転換する可能性を秘めている**わけです。だから転換点も生まれます。ということは、常にレンジ内では方向性はわからないということです。
　高値を抜けるだろうと思って買ったら下がってしまったり、安値を抜けるだろうと思って売ったら戻ってしまう、ということが起こるのもレンジ内は値動きの方向が定まらないからです。

　こうした理由からダウ理論はレンジ内では取引せず、レンジブレイ

クを待って、売り手と買い手の力関係が決着してからポジションを持つことになります。

　つまり**ダウ理論では、今後どちらに動くかという方向性の判断をしていません**。相場の先行きは誰にもわからない、ということです。相場の力関係が崩れて動き出した「事実」、それを示す値動きの「事実」に従うことになります。相場がレンジを抜けて動いた方向についていくわけです。

≫時間軸を切り替えて値動きの方向を確認する

　ダウ理論が考えられた19世紀末、当然ですがコンピュータやスマートフォンはありません。ということは、現在のように簡単にチャートを表示したり、時間軸を切り替えることはできません。チャートも手書きです。時間軸は日足か週足で、前日か前週までの値段です。当日の値動きをリアルタイムで反映することもできません。そうした状況で考案されたのがダウ理論です。この時代背景を意識しておいてください。

　こうした時代に登場したダウ理論には、時間軸を切り替えるという考えはありません。たとえ考えたとしても現実には技術的に難しかったということです。だからダウ理論はまず日足での動きを考えているはずです。

　なお、この時点ではほかのテクニカル指標は考案されていません。電卓もない時代に複雑な計算をするのは、とても大変です。単純移動平均ですら面倒な計算です。現在使われる多くのテクニカル指標が登場するのは、1960年代以降で、特に1980年代ぐらいに関数電卓や、プログラム電卓が登場してから増えているようです。

　現在に戻ると、ダウ理論が考えられた当時ではできなかった時間軸の切り替えが簡単にできます。私たちはそうしたチャートの時間軸の切り替えが当たり前だと思っています。ただ、使っているテクニカル

指標は、いずれも時間軸の切り替えを想定していないはずです。当時は技術的に困難だからです。ここで現代の使い手である私たちに混乱が生じやすくなります。

　現代の私たちは時間軸の視点を加えることで、より細かな戦略を考えることができます。ダウ理論が考案された当時、値動きの方向性は考えなかったと思われますが、**現代の技術で値動きの方向性をある程度推測できればレンジ内でも有利に取引するタイミングを見つけられそうだ**、ということです。

　この時間軸の視点を加えることで、より長い時間軸で値動きの方向を確認し、自分の時間軸でタイミングを測るという方法が、トレーディングの基本戦略として考えられるようになります。

　２章でご案内した時間軸と値動きの関係を思い出してみましょう。自分の時間軸ではレンジであっても、より長い時間軸に方向性が示されていれば、自分の時間軸でもその方向に動く確率が高いと説明しました。

　特にレバレッジを使うＦＸ取引では、流れに乗ることが重要なので、大きな流れを知ることが必要なのです。

チェックポイント
CHECK POINT

より長い時間軸でトレンドが示されていれば
値動きの方向性をある程度推測でき、
レンジ内でもエントリーできる

根拠のない取引は大きな損失を出しやすい

より有利な
エントリー・タイミングを探す

≫テクニカルを使って明確な判断基準を持つ

　本章ではダウ理論のレンジブレイクでは満足できない人のために、より早いタイミング、より有利なタイミングを考えています。

　次ページの**図1**は、1章で3つ例示した取引タイミング**1章図3**（15ページ参照）から2つをピックアップしています。なお、1章で不利なタイミングとしてご案内した、レンジブレイクに乗り遅れた場合のエントリー方法は、2章で説明しています。

　では、**図1**を見ていきましょう。

　Aは早いタイミングを狙うので、レンジ内のaでエントリーしてポジションをつくります。一方、Bはダウ理論に従いレンジブレイクしたbでエントリーします。

　ここで重要なのは、エントリーしてポジションをつくる根拠です。**理由が説明できない取引は、明確な戦略がないので不都合な動きになった場合に適切な対応ができません。**思い付きでの無駄な損切りや、損切りできずに大きな損失を出しやすくなります。テクニカルを使う理由のひとつは自分の中にブレない判断基準を持つことなのです。

　先に、ダウ理論に従う、Bのレンジブレイク手法で考えます。エントリー・タイミングbはダウ理論に基づいているので、買う根拠は明白です。レンジブレイクで売り手と買い手の力関係が買い手優勢になったから買う、ということで、シンプルで合理的です。

　では、これまで、ダウ理論に従い手を出さなかったAの早いタイミ

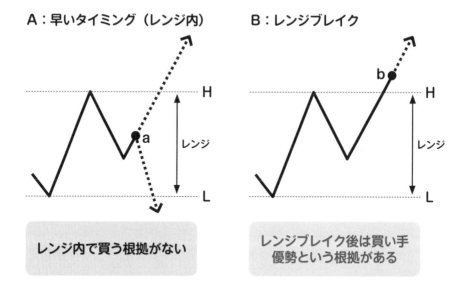

図1. エントリーには根拠が重要

A：早いタイミング（レンジ内）

レンジ内で買う根拠がない

B：レンジブレイク

レンジブレイク後は買い手優勢という根拠がある

ングの取引ではどうでしょうか。この図表だけでは、レンジの中にあるaで買う明確な根拠はありません。レンジの中にあるので、売り手と買い手のどちらが優勢かはわからず、どちらにも動く可能性があるからです。

　強いていえば、損切りをレンジの下限Lの下に置くことで損失が明確になるので資金管理できる、ということでしょう。ただ、これは資金管理上の判断で、値動きの方向性は判断できていません。つまり、損切りが決められるからひとまず買ってみる、という取引なのです。

　この考え方だとaのポイントでは逆に売ることもできます。その場合はレンジの上限Hの上に損切りを置くことができるからです。

≫レンジ内での両方向のオーダーはどちらかが確実に損切りへ

　相場の先行きはわからないので、このAとBの考え方で両方向への取引を試みると、**図2**のようになります。レンジ内（A）でもレンジブレイク（B）でも、売り買い両方向で仕掛けるのは同じように思え

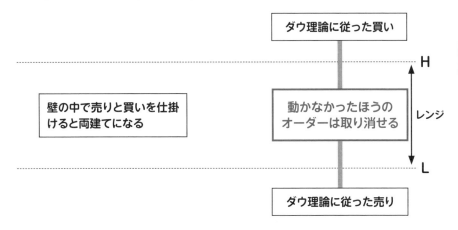

図2. 損益に差が出るレンジ内外に置くオーダー

A：早いタイミング（レンジ内）　　B：レンジブレイク

ダウ理論に従った買い

H

壁の中で売りと買いを仕掛けると両建てになる

動かなかったほうのオーダーは取り消せる　レンジ

L

ダウ理論に従った売り

ますが、実際の損益は大きく違います。ダウ理論では、レンジブレイク（B）なので買いポジションか売りポジションのどちらかができて、レンジブレイクで示された方向に動き出します。レンジを超えて方向性が出てくるからです。壁の外側を使う取引です。値動きに方向性があるので、動かなかったほうの注文は、取り消すことになります。

　一方、レンジ内で売りと買いの両方向で仕掛ける取引は、両建て取引なので、レンジブレイクすれば、どちらかが確実に損となります。

　レンジ内でポジションをつくるということは、**値動きの方向がある程度予想できて、片方だけの動きで仕掛けないと、トレーディングとして意味がない**のです。

値動きの方向がわかるとリスクを明確化できる

値動きの方向性を把握するには より長い時間軸が重要

≫時間軸の切り替えで方向性を把握する

前著から何度も紹介していますが、**相場が動く理由はひとつしかありません。売り手が多ければ値段は下がり、買い手が多ければ値段は上がる、これだけです。**だから相場の多数派がどちらを向いているかをチャートから知ることは、利益を狙うために重要です。

エントリーするとき、何らかの根拠がなければ、ＦＸは上か下かを選ぶだけのギャンブルになってしまいます。ギャンブルにならず戦略的なトレーディングをして、**継続的に利益を得るために大事なのが方向性の判断技術です。**そのために時間軸の切り替えの視点が大切なのです。

前章で紹介した複数の時間軸を比較して戦略を考えることを知っていると、レンジ内でエントリーする早いタイミングの取引でも取引確率を高め、利益になりやすくなります。

≫自分の取引する時間軸に従う

ここで**図3**を見てみましょう。ａは現在のレンジだけでなく、より長い時間軸のトレンドが見えていたことを示しています。より長い時間軸が上昇トレンドになっているため、時間軸の強弱の関係から、上昇しやすいことになります。となると、この**図3**のレンジＨ－Ｌは上方ブレイクして上抜ける可能性が高くなります。**世界中のチャート分**

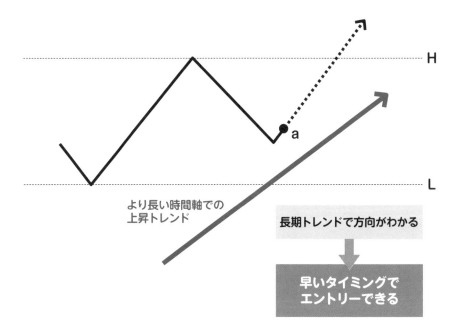

図3. トレンドを根拠にしたエントリー

H

a

L

より長い時間軸での
上昇トレンド

長期トレンドで方向がわかる

早いタイミングで
エントリーできる

析の基本を知っているトレーダーは、レンジ内を下げてきたところは
買い仕掛けしやすいわけです。

　ちなみに、このときの損切りはレンジの下限Ｌの下です。レンジの
上限Ｈの壁を超えたレンジブレイクでのエントリーではなく、レンジ
の下限であるＬを壁にした取引戦略となるからです。

　より長い時間軸が上昇なので、Ｌを割っても下げ止まるかもしれま
せん。しかし、自分の時間軸ではレンジのＬを割り込めば、一旦は売
り手が優勢となるので、買いポジションを保持するのは適切ではあり
ません。たとえ、**長い時間軸がまだ上昇を示していても、自分が取引
する時間軸とは違うので、あくまで自分の時間軸に従うのが大切です。**

　ただし、損切り設定を通常よりも少し幅を広げる程度はしてもいい
でしょう。より長い時間軸のトレーダーからすれば、一旦短期の買い

手の損切りが付いてさらに下げたほうが、より有利な位置で買いポジションをつくることができるからです。

≫ 大きな流れに逆行する取引はリスクが高くなる

また、レンジの下限Lを下抜けても、売り仕掛けはしません。なぜなら、長期のトレンドは上昇を示しているからです。もしレンジの下限Lを割ったことを根拠に売るのなら、大きな流れに逆行しているポジションになってしまいます。これは短期勝負でリスクが高くなる取引です。

このように、より長い時間軸の値動きの方向性がわかると、短い時間軸ではレンジ内でも取引タイミングを得ることができます。**値動きの方向がわかり、レンジの壁を使ってリスクを明確にすることができます。**

あくまで
自分の時間軸
に従う

チェックポイント
CHECK POINT

① 時間軸を切り替えて
　相場の方向性を判断する
② 自分の立ち位置とした
　時間軸に従い取引する

より長い時間軸の方向性を見ながら戦略を立てる

レンジ内の
取引タイミングを探す

≫テクニカル指標で値動きの方向性を判断する

　より長い時間軸の方向性を見定めるために簡単なのが、何らかのテクニカル指標を加えることです。特にトレンド系と呼ばれるテクニカル指標をダウ理論と併用すると、より長い時間軸の方向性を見ながら、ダウ理論で取引タイミングや損切り位置の戦略を立てることができます。

　ダウ理論にテクニカル指標も加えて相場を見る方法は、拙著「1日2回のチャートチェックで手堅く勝てる兼業FX」でもご紹介してきました。

　取引タイミングの精度を上げるために、どのようにテクニカル指標を使うことができるかを考えていきましょう。これはさまざまな時間軸で取引タイミングを見つける方法にもなってきます。

　順張りトレーディングの王道は、**①長い時間軸の方向に従い、②短い時間軸でタイミングを取る**、です。長い時間軸のほうが強い動きなので、相場の大きな流れを意識しつつ、短い時間軸でエントリーします。

　つまり、値動きの方向性をダウ理論かテクニカル指標で判断し、タイミングや資金管理をダウ理論で行うわけです。これにより、順張りなら長い時間軸の値幅を狙いつつ、損失を短い時間軸の値幅にすることで、損小利大を狙う戦略が立てやすくなります（**図4**）。逆張りな

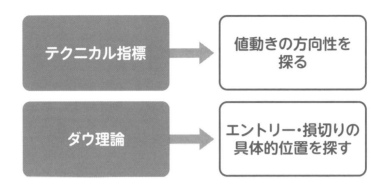

図4. テクニカル指標とダウ理論を併用した戦略立て

| テクニカル指標 | → | 値動きの方向性を探る |
| ダウ理論 | → | エントリー・損切りの具体的位置を探す |

ら一時的な戻りの動きを狙うことになります。逆張りとわかっていれば無理に利益を追ってリスクを広げることもなくなります。

　また、すべてのテクニカル指標が計算の元としているのは相場の値動きです。ということは、移動平均線、ディナポリ、一目均衡表、MACD、ボリンジャーバンド、RSI、ストキャスティックス、RCIなど**すべてのテクニカル指標はいずれも値動き分析を補完するものです。**

　この基本を知っていると、テクニカル指標の騙しを値動き分析で見つけることができますし、値動きとテクニカル指標が合致しない怪しい場面では無理に取引しないで済むことになります。

チェックポイント
CHECK POINT
①順張りなら長い時間軸での値幅を狙いつつ
　損失を小さな値幅にする
②逆張りなら一時的な値動きの
　戻りの動きを狙う

テクニカル指標に期待しすぎないこと

どのテクニカル指標を
選択するか

≫テクニカル指標のパラメーターに魔法の数値はない

より長い時間軸のトレンドがどうなっているかを知るために、ダウ理論に加えてテクニカル指標を併用すると、トレード戦略の立案に便利です。

テクニカル指標を使うとなると、どのテクニカル指標がよりよいのか、何を使えば儲かるのか、と考える人が多くいます。実際、かつての私もそうでした。テクニカル指標を取引タイミングと考える人にとっては、どのテクニカルを使うかで収益が違うように思えます。

また、ネット上にはさまざまなテクニカル指標を使う人の成功事例が溢れています。特にテクニカル指標はパラメーターといわれる数値の設定ができるようになっています。この数値設定がトレーダーによって少しずつ違っていたりするので、魔法の数値があるように思えたりします。

しかし、何度も説明したとおり、そんなものはありません。

どのテクニカルを使えば儲かるか、どのパラメーターを使えばうまく行くかではなく、**相場の売り手と買い手の力関係がどうなっているかを知ることが収益のカギです**。テクニカル指標もそのための道具のひとつに過ぎません。

パラメーターは、移動平均線なら平均値を算出する期間ですし、ストキャスティックスやＲＣＩのようなオシレーターでもローソク足何本とか、変数などを計算に入れます。実はこのパラメーターの数値には何の根拠もありません。

　単純移動平均線では標準的に21が使われますが、21でなければならない合理的理由はどこにもありません。21はフィボナッチ数だとか、１カ月の営業日数だとか、いろいろいわれますが、どれも後付け講釈で、合理的とはいえません。

　それはほかのテクニカル指標のパラメーターでも同じです。ダウ理論は値動きという事実に従いますが、**テクニカル指標のパラメーターには、この数値でなければならないという根拠はどこにもないのです。**

　これはテクニカル指標が、前述のように相場の大まかな傾向を示すことを役割としているからです。

　このテクニカル指標の役割を知らないと、テクニカル指標を取引タイミングとして使おうとして、どのパラメーターがよいかとか、どのテクニカル指標が儲かるか、どのパラメーター設定がよいかという「聖杯探し」をすることになります。

≫テクニカル指標の違いは大きな違いではない

　テクニカル指標は、売り手と買い手の力関係というような明白なものではなく、また取引タイミングを示すというピンポイントでもなく、**たまたま一定期間で値動きを観察した場合の「傾向」を示すもの**に過ぎないと考えておくほうがよいでしょう。テクニカル指標に期待しすぎないことが大事です。

　標準的なパラメーター設定したテクニカル指標では、大きな違いは出にくいものです。

　いくつかのテクニカル指標の違いが、トレードをするうえであまり

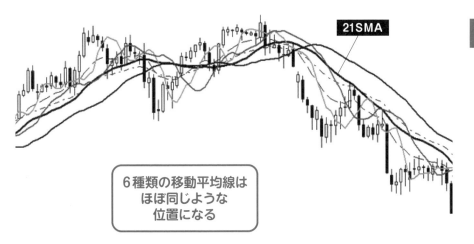

図5. 6本の移動平均線の比較

〈ドル円　日足　2019年2月〜6月〉

21SMA

6種類の移動平均線は
ほぼ同じような
位置になる

大きな違いにはならないことを、実際のチャートで見てみましょう。

　図5は、ドル円日足で2019年2月1日から6月28日の動きです。
ここではローソク足の細かな動きや、テクニカル指標それぞれではな
く、**6種類の移動平均線が結果的にほぼ同じような位置にあることに
注目してください。**

　なお、本書では誌面の色数の関係で見にくいと思いますが、ぜひご
自身のチャートでこれらを併用表示して頂ければと思います。

　ここで表示しているのは、21SMA、ディナポリの3×3DMA、
7×5DMA、25×5DMA、そして、MACDの中身である12E
MAと26EMAです。これらの移動平均線は相場でよく使われる標
準的なものです。さらに、もし興味があれば、ご自身でパラボリック

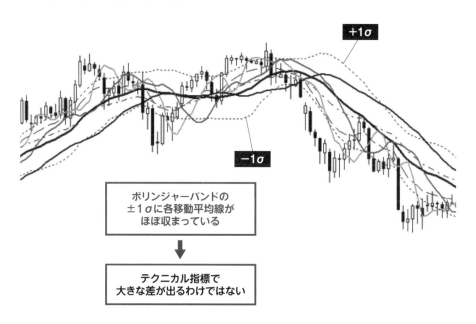

図6. 6本の移動平均線とボリンジャーバンド

〈ドル円　日足　2019年2月〜6月〉

+1σ

−1σ

ボリンジャーバンドの
±1σに各移動平均線が
ほぼ収まっている

↓

テクニカル指標で
大きな差が出るわけではない

や一目均衡表の基準線や転換線を加えて比較してもよいと思います。

　トレンドが出ている部分では、25×5ＤＭＡが21ＳＭＡより少し
離れていますが、それ以外は、21ＳＭＡよりほぼローソク足に近い
側にあります。

　さらに、このチャートにボリンジャーバンドの±1σ（シグマ）を
加えると、これら6本のラインは、チャートに点線で示されている±
1σの中にほぼ収まっていることがわかります（**図6**）。

　つまり、21ＳＭＡの標準偏差の68.27％の中にこれらのテクニカル
指標が描画されているわけです。いずれも同じ方向への大きな流れを
示しているに過ぎません。

　この日足チャートは、上昇トレンドができ、その後こう着して、今

度は下落する動きになっていて、相場の動きの多くの部分が含まれている事例です。こうした事例で、多くのテクニカル指標にあまり大きな差がない、ということからも、**テクニカル指標が重要なのではなく、基本となるのは値動きを理解すること**だということがわかります。

21・75・200の3本がセオリー

長期線と組み合わせて 大きな方向性を見る

≫テクニカル指標のパラメーターを大きく変える

　図6（120ページ参照）では、21ＳＭＡ、ＭＡＣＤの12ＥＭＡと26ＥＭＡ、ディナポリの3本の移動平均線、さらにボリンジャーバンドの±1σを表示しています。ボリンジャーバンドの±1σの中にほかの6本のさまざまな移動平均線（ＳＭＡ、ＥＭＡ、ＤＭＡ）が収まるということは、21ＳＭＡの位置から標準偏差68.27％の中にこれらのテクニカル指標があるということになります。

　つまり、これらのテクニカル指標は現在の時間軸の値動きに沿った動きを示していると考えられます。ということは、**ダウ理論を補強する、より大きな方向性を知るためのテクニカル指標としては、適さない**ということです。より長い時間軸を反映していないからです。

　そこで、株式市場などでも使われる、75ＳＭＡと200ＳＭＡを表示させてみましょう。

　75や200というようにパラメーターを大きく変えると21ＳＭＡとは違う動きになってきます。75は21の約3.5倍ですし、200は9.5倍で、チャートを別の時間軸に切り替えるぐらいの違いがあります。より大きな動きを示している可能性がでてきます（**図7**）。

　このドル円日足チャートの後半（右側）にある下落トレンドは、200ＳＭＡを下抜け、75ＳＭＡも下抜けていて、より長い時間軸が下げる可能性を示しています。そうした中でダウ理論のレンジを見る

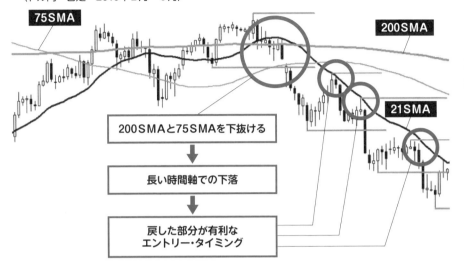

図7. 値動きに近すぎないテクニカル指標を使う

〈ドル円　日足　2019年2月〜6月〉

75SMA

200SMA

21SMA

200SMAと75SMAを下抜ける

↓

長い時間軸での下落

↓

戻した部分が有利な
エントリー・タイミング

と、レンジの安値を更新する前の戻す部分、つまり21SMAに接近した部分でエントリーすると、より有利なタイミングであることがわかります。

　この考え方が適切かどうか念のため、日足より時間軸が長い週足で、同じ期間の値動きを見てみます。次ページの**図8**は同じ期間の週足ですが、21SMAと、日足の21SMAに相当する4SMA（1週間の営業日は5日間なので21を5で割ると4.2となり、4SMAとしている）を表示させています。すると、週足が日足のレンジと同じように下げていることがわかります。

≫チャートの時間軸を切り替える

　このように、現在の時間軸で使うテクニカル指標（この場合は21SMA）だけを使うならチャートの時間軸を切り替えて、より長い時間軸の方向性を探ります。

図8. 時間軸を切り替えて週足チャートで見る

〈ドル円　週足　2019年2月〜6月〉　図7の週足チャート

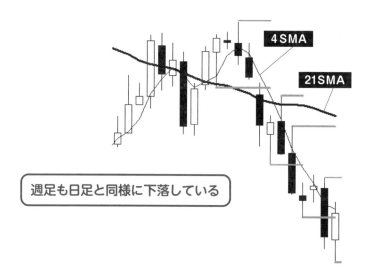

4SMA

21SMA

週足も日足と同様に下落している

　また、現在の時間軸で使うテクニカル指標より、より長いパラメーターのテクニカル指標を同時に表示させた前ページの**図7**（この場合は、75ＳＭＡと200ＳＭＡを表示）のようにするとひとつの時間軸のチャートを見るだけで、より長い時間軸の方向性が見えてきます。今回は21-75-200の3本のＳＭＡを組み合わせましたが、21-100-200でもよいでしょうし、10-50-150でも構いません。

　いずれも**テクニカル指標は大きな方向性を示すもので、取引タイミングはダウ理論のレンジ内とすることで、レンジブレイクを待たずに有利なポジションをつくることができる**わけです。

　ちなみに、私のブログ（虹色ＦＸ）でも書いている7本移動平均線を表示させる虹色チャートも、相場の流れをひとつのチャートで知る方法です。

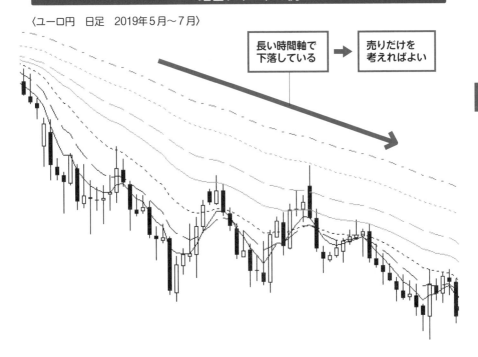

図9. 虹色チャートの例

〈ユーロ円　日足　2019年5月〜7月〉

長い時間軸で下落している ➡ 売りだけを考えればよい

　虹色チャートの例**図9**は、2019年5月から7月のユーロ円日足ですが、ダウ理論でレンジが把握できていて、かつ、虹色チャートのようにテクニカル指標で大きな方向がわかっていると、売りだけを考えればよいことになります。

　すると、次ページの**図10**の虹色チャートのようにユーロ円が大きく戻してレンジの上限に近付く場面では売り仕掛けしやすくなります。実際の値動きもある程度上昇すると、売りが増えて下げて行きますし、最終的にはレンジも下抜けて行きました。

　このように、より長い時間軸の方向性を把握しておくということは、より有利なタイミングでの取引を意識する場合にはとても重要になってきます。

図10. 売りを仕掛けるタイミング

〈ユーロ円　日足　2019年5月〜7月〉

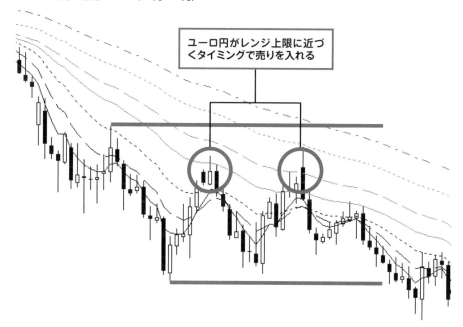

ユーロ円がレンジ上限に近づくタイミングで売りを入れる

　ちなみに、本項でご紹介した21・75・200の組み合わせは、年億を達成した兼業トレーダー、Ｙ．Ｉ氏（@Porsche_love_FX）も使う手法でした。彼は私のすべての本を熟読した上で、この３本が自分に合っているとのことでした。

　みなさんも値動きの仕組みを熟知した上で、自分なりの方法を見つけて頂き大きく収益を得ていただければ、著者として最高の幸せです。

チェックポイント
CHECK POINT

①より大きな方向性を知るためには
　　値動きに近すぎないテクニカル指標を使う
②取引タイミングはダウ理論の
　　レンジ内にする

どの時間軸でも使える合理性がある
長い時間軸のトレンド方向に短い時間軸でエントリー

≫5分足で見る取引タイミング

　ここまでは、1時間足や4時間足、日足で大きな方向性を見ました。この方法はどの時間軸でも有効です。**ダウ理論がそうであるように、合理的な考え方は時間軸に関係なく効果的です。**そして何度もいいますが、順張りするトレーディングの王道は、**より長い時間軸のトレンドを見つけ、その方向に短い時間軸でタイミングを取ること**です。

　事例は、ポンドドルの5分足で、2019年6月19日の16時から18時の2時間の動きです（次ページ**図11**）。矢印が示す陽線のローソク足がつくる高値1.25796と安値1.25615のレンジをどちらに抜けるかで、今後の動きが決まります。これは3章で紹介したローソク足の応用編でもあります（**3章図20**参照）。

　この5分足に21SMAと、1時間足の21SMAに相当する252SMAを表示させたのが129ページの**図12**です。5分足チャートを基本に見ていますが、1時間は60分ですから、5分足なら12本分が1時間足になります。21に12を掛けると252です。よって**5分足チャートに1時間足の21SMAの位置を表示させるためには、パラメーターを252にした252SMAを表示させる**、ということになります。

　図12のチャートを見ると、252SMAの線より上に21SMAのラインがあります。そして、ローソク足はさらに21SMAの上です。ということは、1時間足21SMAの上に、5分足21SMAがあり、

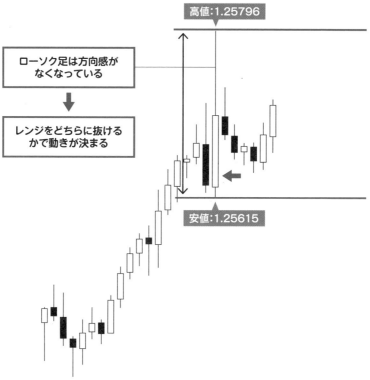

図11. 方向感のない5分足チャート

〈ポンドドル　5分足　2019年6月19日〉

高値:1.25796

ローソク足は方向感が
なくなっている

↓

レンジをどちらに抜ける
かで動きが決まる

安値:1.25615

そのさらに上に5分足の値動き（ローソク足）がある、ということに
なります。5分足チャートでは、長い時間軸（この場合1時間足チャー
ト）が上昇をサポートしているので、この場合は、5分足の上昇の可
能性を示しています。

　ということは、5分足のレンジの下限である1.25615を下抜けない
限りは、買いポジションを持つことを考えればいいわけです。実際、
その後の動きは130ページの**図13**のように翌日となる6月20日午前
3時台の1.26725まで約8時間で100pips近く大きく上昇していま
す。**チャートの左に小さくあるレンジを上抜けてから、上下しながら
もずっと上昇している**ことがわかります。

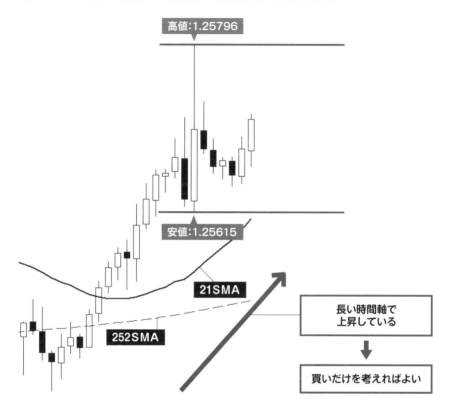

図12. 移動平均線を加える

〈ポンドドル　5分足　2019年6月19日〉　図11に移動平均線を加えたチャート

高値:1.25796

安値:1.25615

21SMA

252SMA

長い時間軸で
上昇している

↓

買いだけを考えればよい

≫テクニカル指標は大きな流れを示すために使う

　次ページの**図14**は、**図11**と同じポンドドル5分足ですが、21SMA、75SMA、200SMAを表示させたものです。こちらも長い移動平均線が示す、より長い時間軸の動きがサポートして上昇の流れであることを示しています。**ローソク足の下に200SMAや75SMAがあることで、上昇の流れになっている**ことがわかります。

　このように、テクニカル指標は大きな流れ（大まかな方向性や相場の流れ）を示すために使うのであれば、パラメーターを細かく気にする必要はありません。

図13. レンジを上抜けた後の値動き

〈ポンドドル　5分足　2019年6月19日～20日〉　図12のその後のチャート

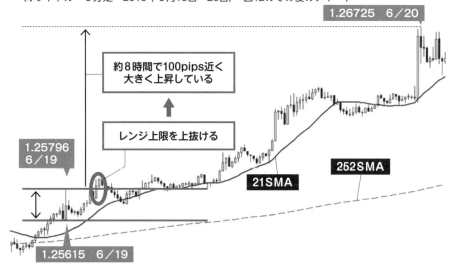

1.26725　6/20

約8時間で100pips近く
大きく上昇している

レンジ上限を上抜ける

1.25796
6/19

252SMA

21SMA

1.25615　6/19

図14. 3本の移動平均線を加える

〈ポンドドル　5分足　2019年6月19日〉　図11に移動平均線を加えたチャート

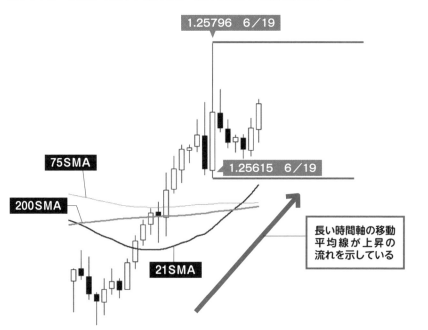

1.25796　6/19

75SMA

200SMA

1.25615　6/19

21SMA

長い時間軸の移動
平均線が上昇の
流れを示している

大きな流れがよりつかみやすくなる

MACDのような指標も
マルチタイム化できる

≫プラスかマイナスかで値動きの方向を表すMACD

　ここまでは移動平均線を例に、①複数の時間軸チャートに同じパラメーターのテクニカル指標を表示して比較する方法、②ひとつの時間軸のチャートに違うパラメーターのテクニカル指標を出して流れを見る方法を紹介してきました。

　こうしたテクニカル指標の使い方は、その指標の内容を理解していると、移動平均線だけでなく、ほかのものでも使うことができます。

　例えば、通常はひとつしか表示しないMACDを2つ表示した場合を見てみましょう。ただし、このようなチャートの使い方はすべてのFX会社のチャートでできるわけではありません。この点、MT4（MetaTrader4）はとても優れています。

　MACDは2つの指数平滑移動平均線（EMA）の差を示しています。**差がプラスかマイナスかで値動きの方向がわかります。**標準的に使われるパラメーターは12EMAと26EMA、それにこの2つのEMAの差であるMACDの移動平均を期間9で計算しており、（12、26、9）のように表されます。

　事例として、2019年7月31日の24時間の動きを豪ドルドル（AUDUSD）の15分足で表示したのが、次ページの**図15**です。15分足なので96本のローソク足が示されています。

　この図表には、方向がわかりやすいように先ほどのポンドドルの事

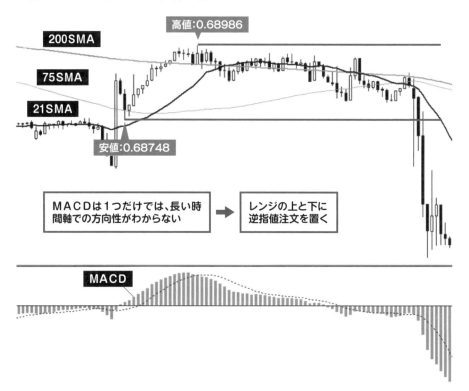

図15. MACDをひとつ加える

〈豪ドルドル　15分足　2019年7月31日〉

200SMA

75SMA

21SMA

高値:0.68986

安値:0.68748

MACDは1つだけでは、長い時間軸での方向性がわからない → レンジの上と下に逆指値注文を置く

MACD

例と同じように21SMA、75SMA、200SMAも表示しています。この３本のSMAから豪ドルドルの15分足は下方向へ動く可能性が考えられ、その後、レンジを下抜けて下落しました。

≫ひとつの表示ではより長い時間軸の方向性はわからない

　なお、鋭い読者は、レンジの高値0.68986の高値の前足が高値を付けた次の足で下抜けているので、ダウ理論からここですでに下方向へ転換していると考える人もいるでしょう。私もそれでいいと思いますが、これは15分足なので、誤差の可能性も考えて、またMACDを

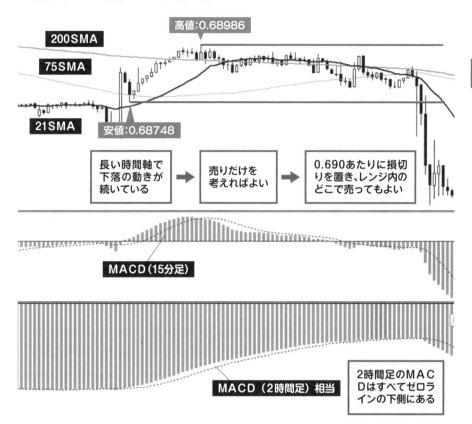

図16. MACDを2つ加える

〈豪ドルドル　15分足　2019年7月31日〉

高値:0.68986

200SMA

75SMA

21SMA

安値:0.68748

| 長い時間軸で下落の動きが続いている | → | 売りだけを考えればよい | → | 0.690あたりに損切りを置き、レンジ内のどこで売ってもよい |

MACD（15分足）

MACD（2時間足）相当

2時間足のMACDはすべてゼロラインの下側にある

使う事例として少し広い一目瞭然のレンジを考えています。

　さて、**図15**を見るとわかるように、この設定のMACDがひとつ表示されただけでは、より長い時間軸の方向性はわかりません。前述のように**テクニカル指標は、マルチタイムを前提にしていません。**21SMAとほぼ同じように値動きに沿ってMACDが表示されているだけです。このため、MACDがひとつの場合は、長い時間軸の方向はわからず、レンジの上と下に逆指値を置くことになります。

　そこで、15分足より長い時間軸として2時間足のMACDがどうなっているかを見てみましょう。MT4では2時間足チャートは表示

できませんが、ＭＡＣＤのパラメーターを変えることで、15分足の８倍となる２時間足の方向性が見えてきます（**図16**）。

≫複数表示でより長い時間軸の方向性を知る

　前ページの**図16**にはＭＡＣＤが２つ表示されています。上段は先ほどの15分足（**図15**）で示した12-26の設定のＭＡＣＤのままです。そして下段のＭＡＣＤは12-26をそれぞれ８倍にして２時間足チャートのＭＡＣＤとなる96-208のＭＡＣＤです。

　こうすると15分足チャートですが２時間足の12-26ＭＡＣＤを示していることになります。すると、96-208ＭＡＣＤは全部ゼロラインの下側にあり、下落の動きが続いていることがわかります。

　15分足より長い２時間足の方向性が見えたので、この場合の取引戦略は売りだけに絞り込めます。レンジの高値0.68986の上、0.690ぐらいに損切りを置いてレンジ内のどこで売ってもいいわけです。15分足なのでレンジ幅も20pips程度ですが、**たとえ短い時間軸でも長い時間軸の方向性を知ることで先が推測できる技術を身に着けることが大事**です。このＭＡＣＤのように、自分が使うテクニカル指標がどのようにつくられているのかを知っていれば、ひとつの時間軸のチャートに複数表示して、より長い時間軸の方向性を知る工夫ができます。

　なお、この豪ドルドルの日足が**図17**で、日足は７月19日高値0.70807から８月７日安値0.66767へ下げる中に15分足の事例とした７月31日があります。日足をチェックしたうえで、15分足を見れば、当然売りを考えるでしょう。

　しかし、仮に15分足だけを見ている人でも、このように**テクニカル指標を工夫すると、大きな流れをつかみやすくなります**。チャートを読めると、チャートをもとにした適切な戦略が立てられ、取引タイミングを見つけることができます。

図17. 長い時間軸での方向性を知る

〈豪ドルドル　日足　2019年7月～8月〉

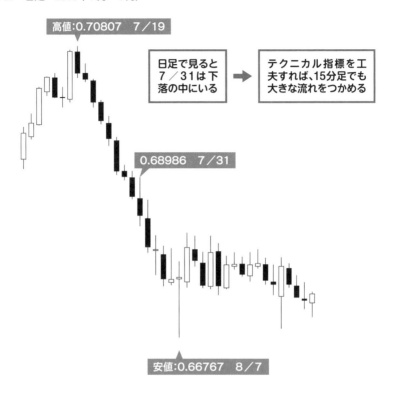

高値:0.70807　7／19

日足で見ると7／31は下落の中にいる　→　テクニカル指標を工夫すれば、15分足でも大きな流れをつかめる

0.68986　7／31

安値:0.66767　8／7

4

ダウ理論をテクニカル指標で補強する

テクニカル指標を加えると信頼性が高まる

移動平均線で
ダウ理論を補強する

≫テクニカル指標を加え判断基準を増やす

　ダウ理論は、高値や安値をチェックしてレンジを考えます。しかし、値段が接近していると判断に迷うことがあります。このようなときに移動平均線という別視点を加えることで、値動きを冷静に見ることもできます。

　事例はユーロドル１時間足で、2019年８月１日から５日の動きです（**図18**）。７月のユーロドルは日足や週足では大まかに下げる流れでしたが、８月１日安値1.10267が底となっていて、１時間足チャートはAの高値1.10500を上抜けると上昇に転換します。ここは１時間足の転換点で上向きとなります。そしてレンジ１の安値１Ｌ（1.10267）を底に上昇して行きます。その後、高値１Ｈを上抜けて新高値２Ｈができ、レンジ２に移行します。

　ただ注意深く見てみると、２番目のレンジの安値２Ｌはその後下抜けてしまい、３Ｌの安値ができます。**ダウ理論では今度は下方向への転換が起こっています。**しかし、その後は再びレンジ３から５へは順調に上昇する動きです。

≫移動平均線が考えるきっかけになる

　138ページの**図19**のように21ＳＭＡを加えると、レンジ１の中に21ＳＭＡがあり、値動きは転換点A（1.10500）を超えたあたりで

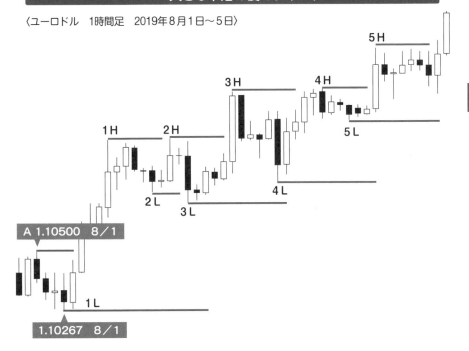

図18. 大きな下落の後のチャート

〈ユーロドル　1時間足　2019年8月1日〜5日〉

1H　2H　3H　4H　5H

5L

4L

2L　3L

A 1.10500　8／1

1L

1.10267　8／1

21SMAも上抜けています。その後は、21SMAがサポートとなって上昇していて、2Lを下抜けた時点でも、ここを安値としていいのか考えるきっかけになります。

　というのは、まず高値2Hがその前の高値1Hをわずかにしか超えていません。レンジを上抜けたにしては誤差程度で、この2Hを1Hの高値超えとしていいのか疑問を持ちます。またその場合の安値2Lの幅が狭く、レンジ1の幅に比べてレンジ2の幅はとても狭いことがわかります。

　押し安値となる2Lと1Hとの差が狭いということは、上昇の勢いが強いはずです。すると、2Hはもっと上昇する可能性が高いはずです。

　にもかかわらず、2Hの高値も伸びないで2Lも割り込むということは、上昇トレンドとしては、少しおかしい動きです。トレーダーと

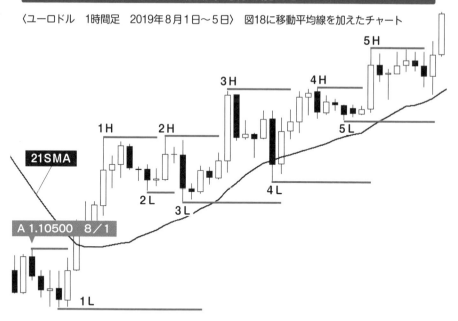

図19. 移動平均線を加える

〈ユーロドル　1時間足　2019年8月1日〜5日〉　図18に移動平均線を加えたチャート

5H

3H

4H

1H　　2H

5L

21SMA

2L

4L

3L

A 1.10500　8／1

1L

しては**レンジの見方が間違っているか、相場が迷っているか、何が起こっているかを慎重に考えるべき状況です。**このときに21SMAを表示していると、ダウ理論に加えて移動平均線という判断基準も加わります。

　ダウ理論だけでは疑問を抱くような状況で、何かテクニカル指標を加えると、厳密な値動きではわずかに理論どおりではない動きが起こった場合にそれが誤差や何らかの要因によるものなのか、本格的に流れが変わる可能性があるのかそれとも自分の判断が間違っているのか、を考える材料とすることができます。

　ＦＸは相対取引なので、値の更新が微妙な場合は、自分のＦＸ会社と他社で値が違うこともあります。そうした場合は他のテクニカルも加味して、より保守的な、安全な戦略も考えることになります。

図20. 正しいレンジを表示する

〈ユーロドル　1時間足　2019年8月1日〜5日〉　図18に正しいレンジを示したチャート

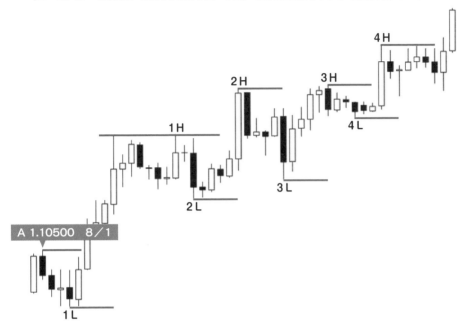

4

　そこでチャートとプライスを見直し、あらためてレンジを示したの
が図20です。

　図18、図19で2つ目のレンジの根拠となった2Hの値に疑問があ
れば、図20のように2Hを次の明らかな高値としたり、1Lを切り
上げずに維持することも考えられます。このようにレンジの取り方で
迷うときにも、移動平均線があるだけで少し冷静に流れを考えること
ができます。

　もちろん、ダウ理論に厳密に従って、一回損切りする選択もありま
す。ただ、本書は応用編なので、こうした考え方を示しています。

どこに置くかがわからない

レンジ内での指値注文は
目安がなく難しい

≫レンジ内のエントリー・タイミングは幅広い

レンジ内での取引は、エントリー・タイミングを明確にしにくい欠点があります。レンジブレイクなら、レンジの壁を抜けたところに逆指値を置けますが、レンジ内に指値を置く場所は、どこでもいいからです。また、指値注文をしても、そこまで値が動くか、約定するのか、という問題もあります。

より長い時間軸でトレンド方向がわかっている場合、レンジ内でもどちらの方向に仕掛ければいいかはわかります。ただ、**図21**のように、レンジH－Lの間のどこまで戻して動くかは誰にもわかりません。レンジ内は売り手と買い手が交錯しているからです。

すると、指値注文を置くとしても、a、b、cのように何カ所かに分散することになります。もちろん、１カ所でも構いませんが、どこに置くかが問題です。

事例のaの位置では、レンジブレイクで逆指値するdとあまり変わらず壁を超えていないリスクだけが残ります。また、損切りはレンジを逆に抜けた先に置くので損切り幅が大きくなります。ではcで指値したらどうかというと、そこまで戻すかがわからないので、注文が執行されない可能性があります。

となると、**レンジ内で仕掛けるためには指値注文を分散しておくほうがよさそうです**。レンジ内の動きがわからないので、ある意味、「数打てば当たる」という感じです。

図21. 指値注文は分散する

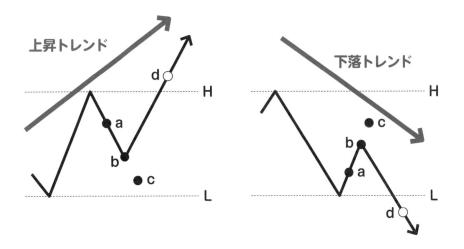

上昇トレンド

下落トレンド

≫逆張りする注文の指値注文は損失が膨らみやすい

　レンジ内のどこか１カ所をピンポイントで指値しておくことはできます。しかし、重要なのは注文が執行されポジションができることです。そうでなければ、レンジブレイクを待たずにレンジ内で取引をする意味がありません。

　指値ではなくレンジ内の値動きを自分で見ながら、成行で注文するという方法もあります。この場合、１分足、５分足ぐらいの短い時間軸なら見ていることもできますが、15分足以上になるとレンジ内の動きがどれくらいの時間続くかは誰にもわからないので、何本ものローソク足の動きをずっと見続けるのは、物理的にも時間的にも難しい場合が出てきます。

　私がダウ理論に従い、レンジブレイクのときに逆指値注文でポジションをつくることを好むのは、こうした理由もあります。

4

ダウ理論をテクニカル指標で補強する

多くの市場参加者が意識する見えない壁

フィボナッチで指値注文の置き場を探す

≫レンジ内の値幅の比率61.8％を重視する

　前項では、そもそも「指値」という注文方法は難しいと説明しました。株式相場のように現物取引するなら指値でも構いませんが、レバレッジを使うFXでは、流れに従う逆指値のほうが基本的で使いやすいということです。

　金融商品は、その特性に合った取引方法が大切です。FXで指値を使うのは、レンジ内で取引するのと同様に、少し上級テクニックで相場を十分に経験した人に向いているものでしょう（**1章図11**参照）。

　では、その指値をどこに置くか、何を基準に考えるかです。2章で壁際のトレーディングとして指値を使う場面を紹介しています（**2章図15**参照）が、今回は、より長い時間軸ではトレンドが出ている場面のレンジです。

　すると、上昇トレンドであればレンジの底、下落トレンドであればレンジの天井には近づきにくいはずです。よって、この底や天井付近で指値しても約定しない可能性が高いことになります。

　こうしたレンジ内での押しや戻りをジャストタイミングで取るのは難しく、誰もがさまざまな方法を模索しています。

　そうした方法のひとつがフィボナッチです。**フィボナッチ・リトレースメント**は、レンジ内の値幅の比率を示し、38.2％、50％、61.8％が主に指値の位置として使われます。0％と100％はレンジの壁であ

図22. 下落トレンドのドル円相場

〈ドル円　日足　2019年4月〜6月〉

高値:112.398　4／24

約2カ月にわたり
下落している

110.671　5／21

109.017　5／13

安値:106.778　6／25

る上限下限の高値と安値です。

　一般的には、**押しや戻りがレンジ幅の61.8％を超えると、それまでの流れは続かず反転しやすくなる、**とされています。ダウ理論の転換点より早いタイミングです。ディナポリチャートも61.8％を重視していました。ただ、これはこうした傾向がある、というもので、明確な理由はありません。これまでの相場の動きから、経験的または一般的にこのようにいわれている、ということです。これはほかのテクニカル指標と同じです。

　冷静に考えれば、レンジ内の動きがフィボナッチ数列で決まるわけではありません。ただ、多くの市場参加者が意識していれば、そこは見えない壁になります。あとからフィボナッチが偶然一致することが

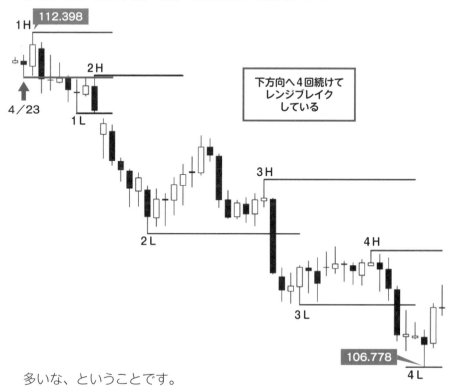

図23. レンジを確認する

〈ドル円　日足　2019年4月～6月〉　図22にレンジを示したチャート

112.398

1H

2H

4/23

1L

下方向へ4回続けて
レンジブレイク
している

3H

2L

4H

3L

106.778

4L

多いな、ということです。

≫SMAを加え大まかな流れを把握する

　フィボナッチを知らない人にはわかりにくいので、チャートで説明していきます。今回事例として使っているのは、ドル円の2019年4月22日から6月27日の日足の動きで、4月24日高値112.398から6月25日安値106.778まで5円62銭下げる動きです。

　ローソク足だけの日足チャート（前ページ**図22**）を見てもわかるように、ドル円相場は、時たま上方向に戻す動きをしながら、約2カ月にわたり下げています。この動きをダウ理論に従いレンジを確認すると、**図23**のようになります。

　色線で示した4月23日安値を下抜けたことで、ドル円の動きは下

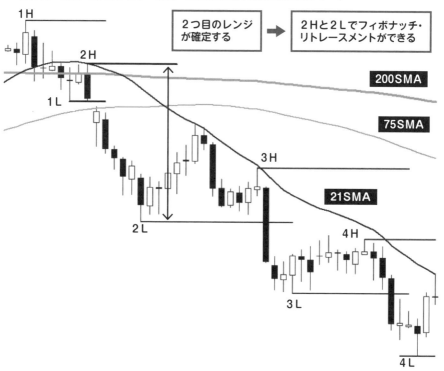

図24. 移動平均線を加える

〈ドル円　日足　2019年4月〜6月〉　図30に移動平均線を加えたチャート

1H

2H

| 2つ目のレンジ | ➡ | 2Hと2Lでフィボナッチ・ |
| が確定する | | リトレースメントができる |

1L

200SMA

75SMA

3H

21SMA

2L

4H

3L

4L

向きに転換します。これで直近高値が4月24日の112.398となります。その後は下方向へのレンジが4つ続き、下方向へのレンジとレンジブレイクの継続が下落トレンドを形成しています。ここではレンジを1から4と記し、レンジの上限をH、下限をLで示します。

　さて、ここでは戻りがどれくらいか、そしてレンジ内のどこでエントリーするかが課題です。まず**レンジ内で仕掛けるためには、より長い時間軸でのトレンドを把握する必要がある**のは前述のとおりです。この方向がわかることでレンジ内でも仕掛けることができます。

　そこで、おおまかな方向性を知るために21-75-200のSMAを加えたのが**図24**です。すると、値動きがひとつ目のレンジの下限（1L）を下抜けたところでは、すでに下抜けていた21SMA、200SMA

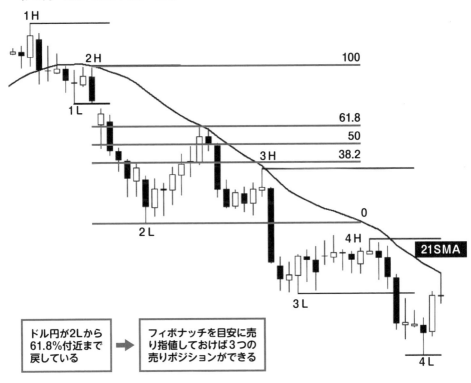

図25. フィボナッチ・リトレースメント

〈ドル円　日足　2019年4月〜6月〉

1H

2H　　　　　　　　　　　　　　　　　　　100

1L

61.8
50
38.2

3H

2L　　　　　　　　　　　　　　　　　0

4H

21SMA

3L

4L

ドル円が2Lから
61.8％付近まで
戻している

→

フィボナッチを目安に売
り指値しておけば3つの
売りポジションができる

に加え、75ＳＭＡも下抜けます。この時点で大きな流れは下向きと
推定され、**日足はダウ理論でも３本のＳＭＡでも下落トレンドとなっ
ています。**

≫フィボナッチでダウ理論より早くポジションを持てる

　そこで２つ目のレンジが安値（２Ｌ）をつけてから安値が更新され
なかった時点で、安値が確定します。これでレンジの上限（２Ｈ）と
レンジの下限（２Ｌ）でフィボナッチ・リトレースメントができます。
　厳密にはフィボナッチ計算機やエクセルで数値を計算することがで
きますが、現実的にはテクニカル指標と同様に、大まかなエントリー・

タイミングを探しているので、ＭＴ４チャートのフィボナッチ・リトレースメントのツールでも十分です。

　すると、色線で示したフィボナッチ・リトレースメントでは、61.8％付近まで値段が戻していることがわかります。つまりレンジ２では、**38.2％、50％そして61.8％に置いた３つの売り指値が約定して３つの売りポジションができます。**ダウ理論ではレンジの下限（２Ｌ）の下で売りの逆指値を仕掛けるので、ダウ理論より早いタイミングで売りポジションを持てます。

　またレンジの下限（２Ｌ）を下抜ければ、レンジ内でフィボナッチに基づいて指値した売りポジションの損切りも注文時に設定していたレンジの上限（２Ｈ）の上から、直近高値となる３Ｈの上に移動させることになります。このチャートの場合では、この損切りを移動させた時点で、38.2％、50％、61.8％でできた３つの売りポジションは損失が発生しないことが確定します。

≫ポジション量に合わせて資金管理する

　また、レンジ内の指値注文と、レンジブレイクの逆指値注文をつかうと、この場合、４つのポジションができることになります。

　なお、当然ですがポジション量が増えるので、それに合った資金管理が必要です。トレーダーの考え方にもよりますが、この２つ目のレンジでの仕掛けと同じことが今後も繰り返される前提でいるほうがよいでしょう。下落トレンドになっているからです。そのうえで、今後もポジション量が増えても、２章でご案内した「実効レバレッジ」が10倍を超えない程度で収まるような資金管理が望ましいでしょう。

　前述のようにトレンド相場は同一方向へのレンジブレイクの繰り返しなので、この後もレンジとブレイクは続きます。その例が次ページの**図26**です。

　この３つ目のレンジの戻りは、**図26**のとおり、フィボナッチの50％にも届いていません。この場合、前回同様に38.2％、50％、

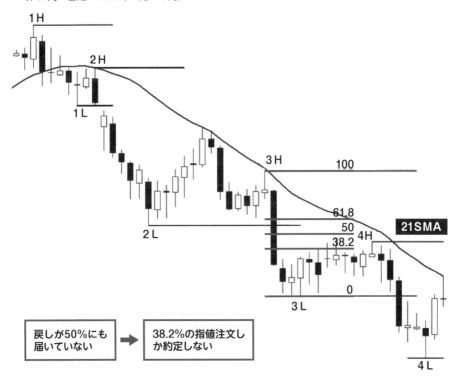

図26. レンジブレイク後のフィボナッチ

〈ドル円　日足　2019年4月〜6月〉

1H
2H
1L
3H　　　　100
61.8
50
2L　　　　38.2　4H
0
3L
21SMA
4L

戻しが50%にも → 38.2%の指値注文し
届いていない　　か約定しない

61.8%のところに売りの指値をしていても、38.2%の注文しか約定しません。レンジ内では、どの注文が約定できるかはわかりません。レンジ内は動きがわからない、というダウ理論のとおりなのです。だから指値注文は「数打てば当たる」的になります。またお気づきと思いますが、フィボナッチ・リトレースメントで戻りや押しを計算するにも、**レンジを正しく把握する必要があります。**

　レンジのもととなる高値や安値を適切に把握するチャート分析の基本を知ってこそ、より複雑な取引方法を上手く使うことができます。

　だから本書は応用編なのです。

同じ局面でテクニカル指標を比較

3種類の移動平均線で取引タイミングを探す

≫平均値が下がり続けていると大きな流れも下がる

　レンジ内でポジションをつくる方法は、フィボナッチだけではありません。レンジ内は、そのレンジ幅の中をどの程度動くかわかりません。このため、どこでエントリーしてもいい分、自分の判断基準となる何らかのテクニカル指標や、自分なりのルールをつくると迷わずに済みます。「勘」の取引をしないために、基準があったほうがいいわけです。

　一般的に使われやすい例として、21SMAを取引タイミングに使ってみたのが、次ページの**図27**です。今回も前項と同じドル円の4月から6月の日足を見てみます。

　すると、明確に21SMAに戻した場面は3回ありました。まず5月21日と、5月30日です。この2回は下げる動きが巻き戻されて21SMAに向けて戻しています。6月に入ってからも21SMAに近付きますが、5月の2回のように巻き戻されたというより、**値動きが弱まってこう着した結果、21SMAに接近**しています。

　これは値動きが、「値幅調整」した場面と「時間調整」した場面で、5月は値幅調整、6月に入ってからは時間調整されています。

　移動平均線が下向きで下げているということは、平均値が下げ続けているということです。ということは**値動きが下げ続けているわけで、たまに上昇する場面があっても大まかに下げる傾向にあることがわかります。**

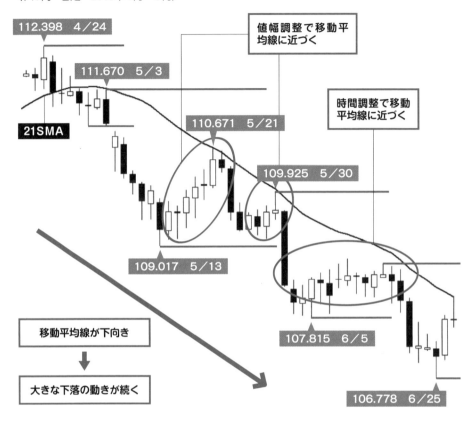

図27. 移動平均線でタイミングを探す

〈ドル円　日足　2019年4月〜6月〉

112.398　4／24

111.670　5／3

21SMA

値幅調整で移動平均線に近づく

時間調整で移動平均線に近づく

110.671　5／21

109.925　5／30

109.017　5／13

移動平均線が下向き

↓

大きな下落の動きが続く

107.815　6／5

106.778　6／25

　このため、平均値に戻すということは、大きな下落の動きが続く中で、一旦その期間（この場合21日間）の平均に戻っただけです。この平均値を上抜けると、平均を超える動きですから、値動きが上昇に転じる可能性が出てきます。さらに**値動きがレンジの上限を上抜けば、買い手のほうが優勢となったことが移動平均というデータの面だけでなく、値動きという相場の力関係の面でも鮮明となり、相場は上昇します**。この場合は平均値に戻っただけなので、ここが大まかな分岐点で再び平均値を割り込むようなら、下落の動きが続きやすいと考えられます。

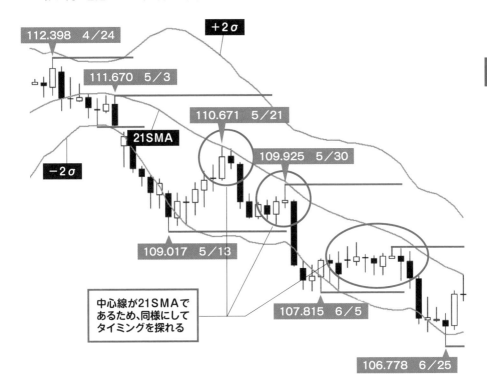

図28. ボリンジャーバンドでタイミングを探す

〈ドル円　日足　2019年4月〜6月〉

112.398　4／24

+2σ

111.670　5／3

110.671　5／21

21SMA

109.925　5／30

−2σ

109.017　5／13

中心線が21SMAで
あるため、同様にして
タイミングを探れる

107.815　6／5

106.778　6／25

4

ダウ理論をテクニカル指標で補強する

　このような移動平均線のしくみをもとにトレードを考えると、この
事例は日足なので、1日に1回か2回チャートをチェックして21S
MAの位置を確認すれば済みます。レンジ内でも21SMA付近を目
安に指値するわけです。

　21SMAを例に出したので、ボリンジャーバンドにも触れておき
ましょう。ボリンジャーバンドの中心線は21SMAが使われること
が多いからです。私がFXを始めたころは、20SMAや25SMAの
ボリンジャーバンドもあり、FX会社によってボリンジャーバンドの
パラメーター設定が違っていました。

先ほどのドル円の同じ値動きでボリンジャーバンドの±２σを表示させたのが前ページの**図28**です。

　このボリンジャーバンドは中心線が21ＳＭＡなので、エントリー・タイミングは21ＳＭＡ単体と同じです。ボリンジャーバンドでは中心線に接触した付近の動きが注目されるのも、このためでしょう。

≫3本のMAを下抜けたタイミングが売り仕掛けする場面

　もうひとつの例は、ディナポリのＤＭＡを使うものです。ディナポリについては前著でも紹介しています。

　ここではディナポリが使うずらした移動平均線（ＤＭＡ＝Displaced Moving Average）のうち、最も短期の３×３ＤＭＡと、もっとも長期の２５×５ＤＭＡ、そして週足の２５×５ＤＭＡを日足のチャートに示す１２５×２５ＤＭＡを表示して説明します。説明の都合上、中期の７×５ＤＭＡは省略した図表が**図29**です。

　まず注目したいのは、ローソク足が３本の移動平均線の下側となり下落の動きを示し始めたのが、145ページの**図24**で示した21-75-200ＳＭＡとほぼ同じという点です。相場状況によって多少タイミングが違うことはあっても、テクニカル指標が示すタイミングにあまり変わりはないのは、５項（117ページ参照）で説明したとおりです。また、そもそもテクニカル指標は値動きをもとにしているので、この点からも同じようになるのは当然です。

　また、今回は日足の２５×５ＤＭＡを５倍して週足の２５×５ＤＭＡに相当する移動平均線を示し、より長期の時間軸の方向性を見ています。この３本のＤＭＡで特徴的なのは、３×３ＤＭＡが取引タイミングや戻り高値の位置を示していることがわかります。そして、相場は下落しているので、この**3本の移動平均線を下抜けたタイミングが売り仕掛けする場面といえます**。長いパラメーターのテクニカル指標がサポートする方向に、短いパラメーターのテクニカル指標があり、

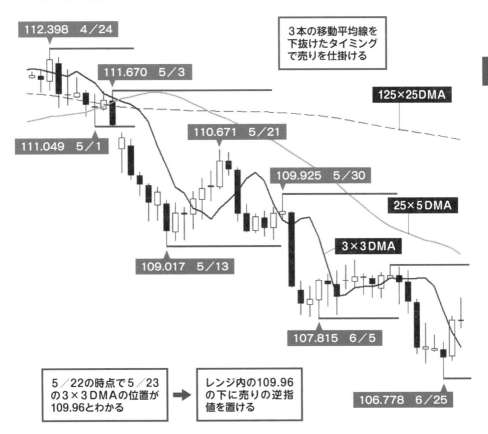

図29. ディナポリでタイミングを探す

〈ドル円　日足　2019年4月～6月〉

112.398　4／24

111.670　5／3

3本の移動平均線を
下抜けたタイミング
で売りを仕掛ける

125×25DMA

111.049　5／1

110.671　5／21

109.925　5／30

25×5DMA

109.017　5／13

3×3DMA

107.815　6／5

5／22の時点で5／23
の3×3DMAの位置が
109.96とわかる

レンジ内の109.96
の下に売りの逆指
値を置ける

106.778　6／25

4

ダウ理論をテクニカル指標で補強する

さらにその先に値動きがあれば、その方向に動きやすいのは、移動平
均線では皆同じです。

≫チャートの値動きに先行して動くディナポリのDMA

　ディナポリのDMAが優れているのは、チャートの値動きに先行し
て動いている点です。この図はチャートをキャプチャしているのでわ
かりにくいですが、実際のチャートではローソク足が動く3本先と5
本先、そして25本先をDMAが示しています。このためあらかじめ

未来にあるＤＭＡの位置がわかるため、そこを下抜ければ売ることが
でき、レンジ内なのですが逆指値注文を置くことができます。

この**図29**で５月21日に高値を付けた後と、５月30日に高値を付け
た後に、３×３ＤＭＡを下抜ける動きになっている点に注目してくだ
さい。

５月21日に110.671の高値を付けた後、翌５月22日高値が21日を
超えないことが確定すると、５月21日が戻りとなり再び下げる可能
性が出てきます。この時点で、翌５月23日の３×３ＤＭＡの位置が
109.96とわかっているので、それより上の110円台に値動きがある
時点で、109.96の下に逆指値の売り注文を置くことができます。

その後、同じレンジ内で５月30日も高値を付けて、翌31日に３×
３ＤＭＡを下抜け、その後レンジの下限も下抜けています。

テクニカルを
使う理由を
理解しよう

チェックポイント
CHECK POINT

ダウ理論やテクニカル指標を複合して
オーダーと損切り位置を明確にする

5章

すべての技術を
使いあらゆる場面で
トレードする

自分の戦略を
確立する

利益を取り逃がさない

天井や底を探すには
値動きの基本を押さえる

≫ダウ理論だけでは天底は捉えられない

　前章は、ダウ理論のレンジブレイクの考え方より早い有利な取引タイミングを追求しつつ、リスクを管理しようというものでした。1章の取引タイミングの具体策です。

　この考え方をさらに進めると、相場の天井や底を見つけたくなります。天底がわかると、大きな流れの中の一時的逆行や、相場の反転を早く見つけられます。しかし、相場の天底（天井と底）をピタリと見つけて、ポジションを反転させるのは神技です。かといって、ダウ理論の転換点まで動いて反転するのを待つと、その値幅の利益は諦めることになります。**ダウ理論ではトレンドの最後となるレンジ部分の収益を諦めることになる**からです。この最後のレンジ部分も、時間軸が大きければレンジ幅も大きくなります。すると、この部分をなんとかならないかなぁ、と思ってしまいます。また、ダウ理論では反転しなくても一時的に戻す相場の綾（あや）を見送ることになります。長い時間軸では、綾も魅力的な値幅になることがあります。

　堅実なトレーダーであれば、1章でもお話ししたように、基本に従い「頭と尻尾は相場にくれてやる」と、潔く諦めてもまったく問題ありません。というより、それが相場取引の王道です。それだけでも十分に利益は確保できているからです。

　ただ、本書では、より早いタイミング、より優位な取引を追求するにはどうするか、ダウ理論にどんな視点を加えるかを考えています。

図1. 上昇トレンドの構造

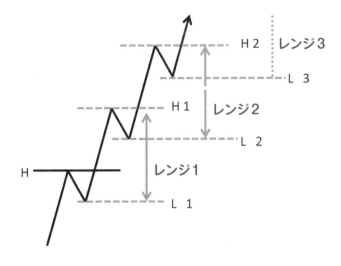

≫トレンドはレンジの同一方向への継続

相場の天井や底を見つけるために、まずこれまでの確認として、ト
レンドとはどのようなものかを改めて確認しておきましょう。

知ってのとおり、「トレンドはレンジの同一方向への継続」です。
**レンジブレイクを同じ方向に繰り返す動きが結果としてトレンドとな
ります。**上昇トレンドなら高値を更新し安値を更新せず、下落トレン
ドなら安値を更新し高値を更新せず、がダウ理論のトレンドの定義で
す。

トレンドを考えるときには、最も基本的なこととして、どのような
相場の状態をトレンドと判断するのかを明確にしておく必要がありま
す。この点が曖昧だと、天底を狙うようなギリギリの取引の際に、明
確な基準がなく、運次第になってしまうからです。

図1のように、最初のレンジ1をブレイクして、2が同じ方向にブ
レイクするとトレンドになります。この繰り返しが3へと続き、こう
した動きが続く限りトレンドは継続します。これは上昇トレンドでも

下落トレンドでも同じ構造です。

　上昇トレンドでは、レンジ２の高値Ｈ２を上抜けた時点で、レンジ３の安値Ｌ３が確定しますが、レンジ３の上限は未確定です。相場がどこまで動くかはわからないからです。同様に下落トレンドの**図２**では、レンジ２の安値Ｌ２を下抜けた時点でレンジ３の高値Ｈ３が確定していますが、レンジ３の下限はまだ未確定です。この２つの図はそうした意味を示しています。

　こうしたレンジとトレンドの構造については、前著２冊で細かく説明していますが、高値更新や安値更新でレンジ幅が移行する点でわからなくなる人が多いようです。

　上昇トレンドで高値更新すると、高値更新の瞬間に次のレンジ下限（Ｌ）が決まります。つまり、損切り位置が移動（縮小）します。この新しい下限は新規買いの逆指値注文を置いた時点では、まだ前のレンジの中にあります。よって、レンジ内は明確なポイントにならないので、損切りはトレンド方向とは逆のレンジの壁の外に置きました。

　しかし、高値更新や安値更新した時点で、売り手と買い手の勢力配置が変わり、レンジが次のレンジに切り替わるので、損切り位置も移動するわけです。

　相場の値動きには、このような売り手と買い手がつくる値動きのしくみがあるので、レンジブレイクでエントリーできます。同様に下落トレンドであれば、レンジブレイクによる安値更新で、レンジ内にあった直近高値が新たなレンジの上限（Ｈ）として確定します。

≫まずは転換点を見つける技術が必要

　相場の天井や底を狙うということは、天井や底で値動きが反転するタイミングをいかにして探すか、ということです。究極的には天井になる高値や底となる安値をピンポイントで当てることになります。

　しかし、それは不可能です。ただ、その天底にできるだけ近くで反転を探す努力は可能です。反転を探すということは、トレンド方向に

図2. 下落トレンドの構造

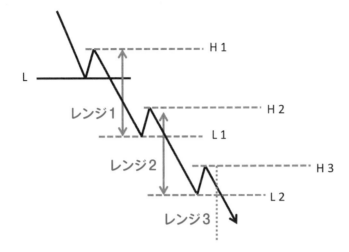

動いてきた多数派の買い手や売り手が、縮小して立場が入れ替わる場所はどこか、その入れ替わりをどうやってチャートから見つけるかです。これはダウ理論のトレンド転換です。

　つまり、**転換点をすぐにチャートから見つけられる技術を身に着けていないと、天井や底での取引タイミングを見つけられません。**

チェックポイント
CHECK POINT
①高値更新や安値更新した時点で
　売り手と買い手の勢力配置が変わる
②天井と底を見つけられると
　利益を最大化できる

天底をうまく見つける

トレンドが終了する
転換点のおさらい

≫逆方向にレンジブレイクしたら転換

　トレンドの転換は最後のレンジを逆方向にブレイクすることで起こ
ります。転換点は、ダウ理論のトレンドの定義を満たさなくなる値段
だからです。まずは**図3**を見ながら、上昇トレンドが終了して下落に
転換する可能性が出てくる動きをおさらいします。上昇してきた動き
が、レンジ2の上限H2を上抜けできないで、レンジの下限L2を下
抜けると上昇トレンドは終了します。

　同様に**図4**のように下落してきたトレンドが、レンジの下限L2を

図3. 上昇トレンドの終了

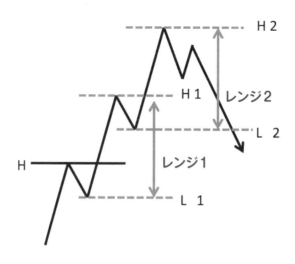

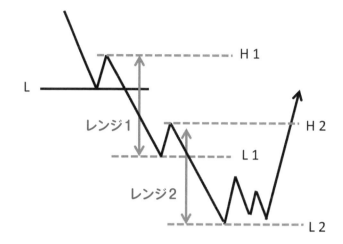

図4. 下落トレンドの終了

H１

L

レンジ１

H２

L１

レンジ２

L２

下抜けできずに、最後のレンジの上限H２を上抜けてしまうと、下落の動きが終了し上昇の可能性を考え始めます。

≫レンジはトレンドの分岐点

　まずレンジがどこにあるかを把握することから始まります。そのうえで、レンジの高値の壁と安値の壁のどちらを抜けるかで、トレンドが続くのか、逆に反対方向への転換の可能性が出てくるのかを推測します。これが相場の値動きのしくみだからです。こうしたトレーディング技術を身に着けると、ローソク足チャートを見ただけで、動きを推測できるようになり戦略が立てられます。そのためには、**高値・安値の線を引いたチャート分析を反復練習することが大切**です。

　また、この値動きの基本に加え、時間軸の要素も加わります。２章で説明したように、レンジの壁の強さは時間軸で違ってきます。ということは、相場が反転する天井や底付近に、自分の使う時間軸より長い時間軸の壁があれば、当然、影響を受けます。また短い時間軸であ

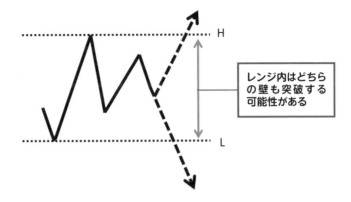

図5. レンジ内の動き

H

レンジ内はどちら
の壁も突破する
可能性がある

L

れば、壁となる値段を超えても、値動きの力が弱いためすぐに戻され
て、レンジブレイクがトラップ（ダマシ）になる場合もあります。

　現実に動いている相場の中で天井や底を見つけることはなかなか大
変です。ただ、大きな時間軸の天井や底をあらかじめ見つけられると、
そこから反転する可能性を考えられます。逆方向の大きなトレンドに
最初から乗れるチャンスです。このため、単に**思い付きで逆張りする
のではなく、明確な判断基準を持ちつつ、何度か試すぐらいの資金管
理が大切**です。

　すべては、基本となるレンジブレイクとレンジ内の動きをどれだけ
理解しているか、チャートに自然に反応できるか、です。**図５**のよう
に、どの時間軸でもレンジ相場は常に上にも下にも行く可能性があり
ます。それはトレンドの中のレンジでも同じで、それが天井や底にな
るか、トレンドが継続するかの分岐点です。

急な値動きの後の値幅調整と時間調整
天井や底付近では
調整が起こりやすい

≫相場にはグレーゾーンがある

　個人投資家の集まりやオフ会に参加すると、当然ですが相場談義、テクニカル談義になります。そんなとき特にテクニカルの話題では、白か黒かをはっきりさせたがる人が必ずいます。相場が上がるか下げるかをシンプルに、はっきりと、明確にしたいのでしょう。私も昔はそうでした。儲けるために、何か明確な基準がほしかったですし、相場の上下は、白黒はっきりしているように思っていました。

　しかし、これには欠けているものがあります。白でも黒でもない、**グレーな領域**です。

　相場を白と黒、上昇か下落、のように考えるのは、車の運転に例えると、常にアクセルを踏むか、ブレーキを踏む、ということです。現実には、アクセルを離す時間も多くありますし、そこからブレーキを踏む準備をしている時間もあります。これがグレーの領域です。運転の下手な人ほど、どちらかのペダルを踏んでいて、ベテランドライバーは先を見て、ペダルから足を離す時間を多くとっています。つまり、余裕の差、経験の違いです。

　この余裕、または猶予期間がダウ理論ではレンジです。つまり相場にも、どちらに動くかわからない、いわばグレーゾーンがあるのです。ただ初心者はステレオタイプとなりやすく、余裕がないのです。

　本章ではトレンドの転換をどのように早く見つけるか、トレンドが変わる場合にいかに有利なタイミングで反対方向のポジションを持つ

図6. 調整前の極端な値動き

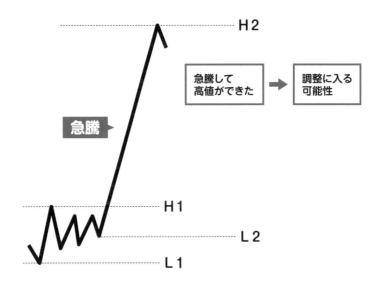

か、を考えています。そのためにはグレーゾーンをいかに小さくして、次の判断をするか、といことです。

　先ほどの車で例えるならレースでの運転でしょうか。グレーゾーンを極力小さくして無駄を減らし効率を追求するわけです。トレーディングでは、**トレンドに乗ってきたポジションをどこで決済するか、また途転（ドテン）ポジションを持つタイミングをどう捉えるか**、ということです。

≫天井・底付近では調整が起こりやすい

　そこで、まずは相場の天井や底で起こりやすい、いわゆる「**調整**」の動きを知っておきましょう。**天井や底の壁が意識される付近ではどのような値動きが起こりやすいかを知っていれば、余裕を持ってチャートを見ることができ、準備することもできる**からです。

　相場はトレンドが出て動くと、一定方向に動いた後に「調整」が起

こる場合があります。例えば**図6**のようにレンジ（Ｌ１−Ｈ１）を上抜けて上昇した場合で見てみましょう。

　時間軸に関係なく、一本調子の動きは市場参加者の偏りを示しています。大きな陽線や陰線が何本も続く場面が一本調子の動きです。この**図6**の場合、上昇しているので①買い手が急増した、②売り手が急減した、③買い手の増加と売り手の減少が同時に起こった、などのように、売り手と買い手のバランスが極端に変わり、買い手優勢に偏ったことで、急騰しています。

　相場が偏って動いた後、その極端な動きの反動が出やすくなります。これが調整です。

　ここでは、急騰して高値Ｈ２ができているので、値動きは「調整」に入る可能性が出てきます。高値ができたということは、ここで買い手と売り手が均衡したということです。それまでの買い手圧勝の上昇の動きとは、売り手と買い手の力関係が変わったのです。高値ができたことで、相場は再び売り手と買い手の勢力争いに移ったわけです。

　急騰すれば、その反動で急落する場合もあります。これが**値幅調整**です。急騰という極端な値動きが、急落という大きな値幅を伴う動きでバランスを取ります。

　また、急騰後に高値圏でもみ合う動きになる場合もあります。急騰で買い手圧勝に傾いたポジションが時間をかけてゆっくりとバランスする状態へ移っていくわけです。これは**時間調整**と呼ばれます。

　どちらも急激な動きとなる売り手や買い手の極端な傾きが、その後の調整の動きに影響してきます。それでも、レンジは（Ｌ１−Ｈ１）から（Ｌ２−Ｈ２）へ移動するのは理論どおりです。

　問題は、Ｈ２の高値付近でこう着する時間調整で次の動きへ進むのか、急落する値幅調整になるのかで、その後の戦略に違いが出てくる、ということです（149ページ参照）。

売り手と買い手の勢力争い

時間調整に入ると
値動きがこう着する

≫買われ過ぎによる値動きのこう着

「時間調整」は、相場が上昇して高値を付けた後、続く値動きがこう
着した状態です。**図7**のような動きを指します。なお、これは上昇の
動きの事例ですから、下落の場合は当然、逆向きになります。

この動きの中身を値動きから想像すると、次のようになります。

まずL1とH1のレンジを上抜けた時点で買い手の逆指値が執行さ
れ買いポジションができるでしょう。これに加え、上昇の値動きを見

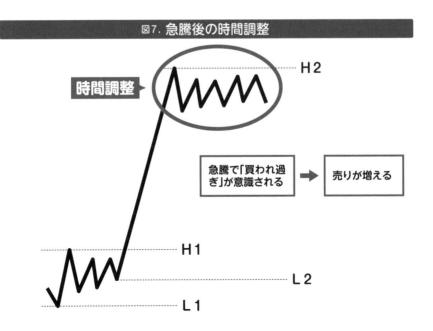

図7. 急騰後の時間調整

時間調整　　H2

急騰で「買われ過ぎ」が意識される　→　売りが増える

H1

L2

L1

た新たな買い手も成行で加わるはずです。ファンダメンタルを重視するトレーダーがどこに注文を置くかは決めにくいのは前著のとおりなので、値動きとニュースに反応して成行買いで参入しているはずです。

　そして、ある程度上がると、いわゆる「買われ過ぎ」が意識されてきます。買ったものは必ず反対売買（この場合は売り）して決済されるのがデリバティブ取引であるＦＸの特徴です。

　そこで、ある程度値動きがあると、「買われ過ぎ」という理由で上値が重くなります。反対売買されるからです。ボリンジャーバンドや移動平均線乖離率などを判断材料にする人も売るでしょう。買い手の一部は大きく上がって十分に利益が出たので、利食いします。これらは決済で反対売買なので売りです。

　またオシレーター系のテクニカル指標を使っている人は、逆張りトレードなので、急騰の動きを見て、上がり過ぎたところに新規の売りが参入します。こうした買い手と売り手の動きで上昇が止まると、そこに高値Ｈ２ができます。

　実際のチャートを見てみましょう。次ページの**図8**はドルスイスフランの５分足で、2019年５月２日の動きです。この日は午前３時にＦＯＭＣの発表があり、一旦は1.01270（**図内①**）まで下げますが、その後はドルが買われ上昇しました。

　ドルスイスは1.01270を底に大きな陽線で上昇、その後も陽線が２本続いて最後は陰線ですが、1.01270の安値から20分間で54.4pips上昇して1.01814（**図内②**）の高値を付けます。が、その後は陰線が出て1.01668（**図内③**）まで下げます。利確などがあったのでしょう。それでもレンジは1.01814と1.01270に拡大したままなのでレンジの上層部での動きが続きます。ここでローソク足は陽線や陰線が出てこう着しており、勢力争いしていることがわかります。

　こうしたこう着相場の中でジワジワ高値が更新され、1.01831（**図内④**）がこの場面の高値となります。この時点で、レンジ下限は

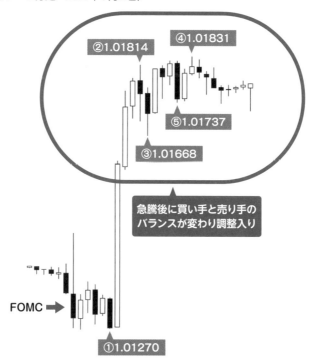

図8. 時間調整した例①

〈ドルスイスフラン　5分足　2019年5月2日〉

②1.01814

④1.01831

⑤1.01737

③1.01668

急騰後に買い手と売り手の
バランスが変わり調整入り

FOMC →

①1.01270

1.01737（**図内⑤**）に移動して狭いレンジが確定します。

　こうした1.01814（**図内②**）の高値から後の上下しながら**ローソク足が何本も高値圏で続くこう着した動きは、相場が動かず、売り手と買い手の勢力争いに時間がかかっていることになります。つまり相場がどちらへ動き出すか時間調整になっています。**

≫どの時間軸でも時間調整は起こる

　時間調整の値動きはどの時間軸でも起こります。**図9**は同じドルスイスフランの日足で2019年3月19日から5月16日の動きです。

　3月20日の0.98台からパリティ（parity=1.0000)を超えた4月23日高値1.02289まで上昇した後、5月9日に陰線が出て下げ始めるま

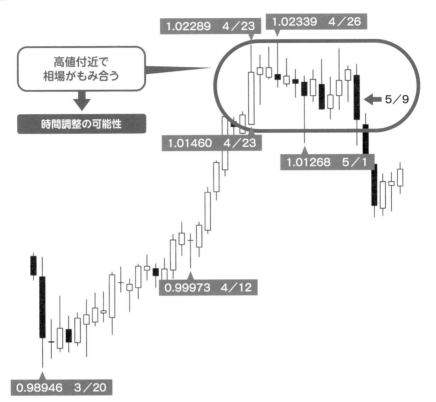

図9. 時間調整した例②

〈ドルスイスフラン　日足　2019年3月〜5月〉

1.02289　4/23

1.02339　4/26

高値付近で
相場がもみ合う

↓

時間調整の可能性

5/9

1.01460　4/23

1.01268　5/1

0.99973　4/12

0.98946　3/20

で、こう着相場が続きます。その後崩れ始めると、8月には0.96台まで下げて3月から4月の上昇以上に大きく下落しました。

　高値から少し下げたものの、あまり下がらずに高値付近で相場がもみ合う状態が続くと、「時間調整」の可能性が強くなります。

　買い手は上値が伸びないので、利食いをしていき、高値で抑えた売り手は、思ったように下がらないので、こちらも早めに利確します。

　また逆に、買い手は積極的に買い進み、一方で売り手も積極的に売り仕掛けしているかもしれません。売り手と買い手が高値付近でこう着した状態が長く続くと、時間調整となりやすいわけです。

極端な値動きには手出ししないのが無難
急な値動きの後の
急な戻しが値幅調整

≫長いヒゲは値幅調整の残像

　時間調整に対し、値幅調整は激しい動きです。**図10**のように急騰後、高値付近で強力な売り手が待ち構えていたか、または買い手が一気に利確した場合に、こうした動きになります。急騰した買いが一気に消えるので、急激に下げます。このように急騰後に急落するような場面は値幅での調整です。流動性が低いと起こりやすくなります。

　この事例とは逆向きですが、2019年1月3日のドル円やクロス円

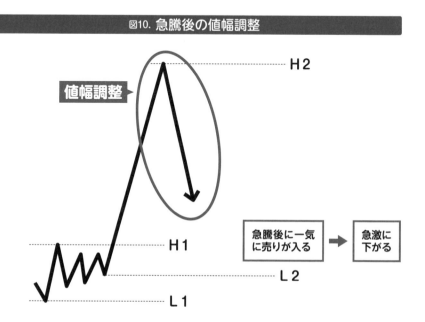

図10. 急騰後の値幅調整

図11. 値幅調整した例①

〈ドル円 日足 2018年12月〜2019年3月〉

111.407 12/26

111.491 2/28

約6円
50銭

1/3の
フラッシュクラッシュで
値幅調整になった

104.837 1/3

の急落、フラッシュクラッシュといわれる動き（**図11**）が、この値
幅調整です。

　この日、何らかの理由で急激に下げたドル円相場は、その後あっと
いう間に戻していて、日足は長い下ヒゲになっています。下ヒゲは急
落後の急騰を示しています。**ローソク足が示す上ヒゲや下ヒゲは、値
幅調整の残像の場合もあります。**

　こうした急激な動きになると、高値圏や安値圏での時間調整とはな
りません。結果としてレンジ幅はとても広いものになってしまいます。
こうした動きが起こると、その後は広いレンジの中で動きにくい状態
が続きやすくなります。

　今回の急落でできたレンジは約6円50銭も幅があります。ドル円

の年間の値幅が10円程度ですから、6円50銭は大きな値幅です。このため、この広いレンジを2月28日に上抜けるまでに2カ月が必要でした。その間のドル円日足は方向感がない状況が続き、ダウ理論に従うなら手を出す場面ではなくなります。このとき、調整の動きを知っていると、**このような唐突で激しい急落では、売り手は下げたところですぐに買い戻すことが必要**になります。

　私自身は12月からチャートに従いドル円を売っていましたが、こんなに急激に下げるとは思っておらず、1月3日の午前に急落してから戻る動きを見て直ちにポジションを成行決済しました。こうした状況では、**相場が荒れてしまい、しばらくテクニカルが効かなくなる**ことを知っていたからです。

≫極端な値動きには手を出さない

　またこうした動きは急激なので、値幅調整が起こっている中で天井や底で反転の動きを取ることはとても難しくなります。というより、**天底を当てることは、ほぼ不可能**です。

　こうした極端な値動きの例としては、2015年1月15日のSNBショックがわかりやすい事例です。**図12**はユーロスイスフランの月足で2013年3月から2019年9月のものです。ユーロスイスはスイスの中央銀行SNB（Swiss National Bank＝スイス国立銀行）が為替介入して1.200でサポートしていましたが、この日、突然、サポートを取りやめ、相場は一瞬で1.20から0.86まで約3400pips急落しました。

　これは円ペアなら34円が一瞬で動いたという破滅的な相場でした。この極端な動きで、ユーロスイスは4年以上経過した現在も巨大なレンジの中で推移しています。多くのトレーダーはスイスフランの相場は壊れている、として手を出しにくくなっています。このSNBショックは極端な例ですが、値幅調整になった場合には、直近の広いレンジになっていることは、フラッシュクラッシュのドル円と同じです。

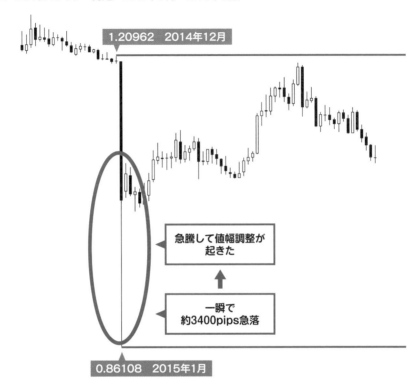

図12. 値幅調整した例②

〈ユーロスイスフラン　月足　2013年3月〜2019年9月〉

1.20962　2014年12月

急騰して値幅調整が
起きた

一瞬で
約3400pips急落

0.86108　2015年1月

5

　また、こうした極端な値幅調整となる場合、値動きが急激なので、
ＦＸ会社によって値段に違いが出ますし、急落時にはスプレッドも極
端に広がって事実上は取引ができません。

　つまり、こうした急騰急落の動きで新規参入することは、ほぼ不可
能です。**このような値幅調整に遭遇したら、すでに利益が乗っている
ポジションは決済することがおすすめ**です。そして、この状況で新た
な仕掛けはおすすめしません。戦略のない取引になるからです。

　ただし、この事例は日足と月足なので、時間軸を短くすると調整期
間も短くなることは、時間軸を理解しているとわかるでしょう。

取り逃しを防ぐ準備

高値安値は天底と仮定して
値動きを見る

≫時間軸で天底を見つける

　相場の天井や底（天底）は、チャートを見て後からわかるものです。天井や底は、必ず高値や安値なので、高値か安値が確定しないと、天井も底も見つかりません。つまり、どのタイミングでその値段が高値や安値と確定できるかという問題です。

　だから、**いつも「この高値が天井かも、この安値が底かも」と頭の隅で考えておく**ことになります。

　長い時間軸が上昇や下落を示していれば、前述のように自分の時間軸でも長期の方向に動く可能性が高くなります。ということは、自分の見る時間軸で相場が反転するには、少なくとも、より長期の時間軸の方向性が弱まっていることが求められます。長期の方向性が弱まっていないと、相場の強い流れと逆方向に仕掛けることになってしまうからです。

　ただ、長期の時間軸が流れを変えるには時間がかかります。このため、相場の天井や底では方向が定まらないこう着状態が発生しやすいのです。つまり、これがレンジや調整で、相場が転換するには値動きがこう着し、長期の時間軸の方向性が弱まるだけの時間、**ポジション調整されるための時間**が必要なのです。

　常に相場は一瞬先の動きもわかりません。これが大前提です。そのうえで、わからない未来の可能性を探す道具がチャートですが、時間

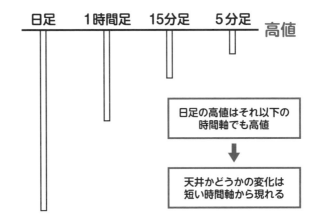

図13. 日足の高値と時間軸

日足　　1時間足　　15分足　　5分足　　高値

日足の高値はそれ以下の
時間軸でも高値

↓

天井かどうかの変化は
短い時間軸から現れる

軸の考え方を加えると、天井や底も見つけやすくなります。チャート
を活用するコツは、時間軸にあるのです。

≫短い時間軸でも高値安値は同じ

　では、ある値段が日足で高値だった場合の構造を**図13**で考えてみ
ましょう。**高値を付けるまでのローソク足の長さは違いますが、高値
はどの時間軸のローソク足でも同じ高値を示しています。**

　これは値動きを考えれば、当然のことです。日足の中にそれ以下の
時間軸が含まれているので、日足の高値はそれ以下の時間軸でも同じ
ように高値になります。

　ということは、この高値が確定して天井かもしれない可能性は、よ
り短い時間軸から変化が現れます。より短い時間軸でレンジを下抜け
るとか、下落が続くなど下向きの動きを示し始めると、それが値動き
の変化の兆しとなり、相場が天井になった可能性がでてきます。

　具体例をドル円の日足で2019年4月24日前後の動きで見てみま
しょう。次ページの**図14**は4月10日から上昇した後、112円付近で
上値が伸びず、こう着して時間調整になります。そして4月24日に
新高値を付けますが、その後下げて行きます。このときの4月24日

図14. 日足での天井付近の動き

〈ドル円　日足　2019年4月〜5月〉

①112.398　4／24

112.165　4／17

③111.650　4／23

111.385　4／25

111.049　5／1

110.838　4／10

図15. 1時間足での天井付近の動き

〈ドル円　1時間足　2019年4月23日〜25日〉

①112.398

1時間足の
レンジ

③111.650

②111.680

111.385

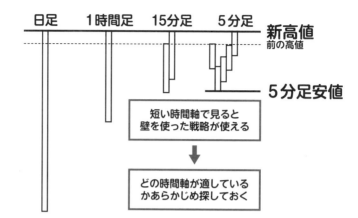

図16. 日足の新高値と時間軸

日足　1時間足　15分足　5分足

新高値
前の高値

5分足安値

短い時間軸で見ると
壁を使った戦略が使える

↓

どの時間軸が適している
かあらかじめ探しておく

の高値付近の1時間足チャートが**図15**です。高値は日足でも1時間足でも当然同じ112.398（**図内①**）です。

　1時間足は、新高値ができたことで直近安値111.680（**図内②**）とのレンジになるため、ここを下抜けたら売ることができます。損切りは112.398の高値の上です。**図14**の日足でも新高値を付けた4月24日の前日安値111.650（**図内③**）がレンジの下限になりますが、1時間足だとこれより少し早いタイミングで売ることができます。

　こうした動きの図解が**図16**です。この図解では1時間足ではなく、5分足でレンジができた例を示します。

　日足や1時間足は同じ時間内なので高値が伸びて新高値ができても、その前の時点（点線）と同じ時間足が伸びただけです。ただ、15分足はもう1本出ています。そして5分足はこの時間的経過の間に少し下げてから前の高値を更新して新高値を付けています。ということは、5分足ではレンジの下限となる安値が確定するので、ここを下抜けるタイミングで直近高値が天井として確定します。そこで、5分足では天井の壁を使った売り戦略を取ることができます。

　ただ、現実には**自分の時間軸ではどの時間軸が早い動きを見つけるのに適しているかは、あらかじめチャートをよく見て探しておくこと**

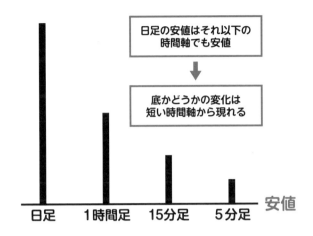

図17. 日足の安値と時間軸

日足の安値はそれ以下の
時間軸でも安値

↓

底かどうかの変化は
短い時間軸から現れる

日足　1時間足　15分足　5分足　安値

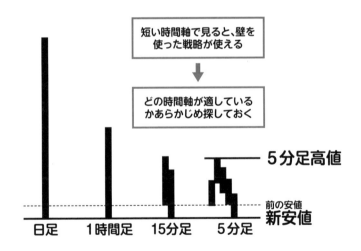

図18. 日足の新安値と時間軸

短い時間軸で見ると、壁を
使った戦略が使える

↓

どの時間軸が適している
かあらかじめ探しておく

5分足高値

前の安値
新安値

日足　1時間足　15分足　5分足

が必要です。 こうしたこともあるので、自分の時間軸が大切なのです。

　なお、当然のことですが、下落の動きなら逆になります。最初の安値ができた時点が**図17**ですし、その後さらに下げて、5分足だけはレンジになった場面は**図18**のような図解となります。

レンジ内での理論的な取引

長い時間軸のローソク足は
短い時間軸のレンジを表す

≫短い時間軸で転換点を早く見つける

　ここまで、時間軸を比較することを何度もお話ししてきました。チャートの時間軸は、相場の動きを便宜上時間で区切っているだけです。相場の全体の動きである**売り手や買い手の動向を知ろうと思えば、値動き全体を見ることが大切**になってきます。ただ、日足や週足、ときには１時間足のように、**区切りのよい時間軸は、１本前の足の高値や安値を更新するかどうかが注目**されることもあります。より短い時間軸では、この１本がレンジ幅となる場合があるからです。

　ここで、具体例を見てみましょう。ドル円の日足で、2019年２月27日から３月６日までの動きです（次ページ**図19**）。日足は110.355（**図内①**）を底に陽線が３本続いた後、上値が重くなっています。その後の値動きは**図19**にはありませんが、下げて行きます。前項では日足から１時間足に時間軸を下げ、１時間足の転換点で売り仕掛けすることで早いタイミングを見つける例をご案内しました。今回も同様に見て行きます。

　まず注目するのは、３本の日足の陽線です。相場の天井を探すということは、陽線が出ていても、転換する可能性を常に考えています。

　この日足の動きを１時間足にしたものが次ページの**図20**です。日付と高値を併記してあります。

　この１時間足を見ると、陽線が続く日足の３日間に転換点を割りこ

図19. ドル円の日足

〈ドル円　日足　2019年2月〜3月〉

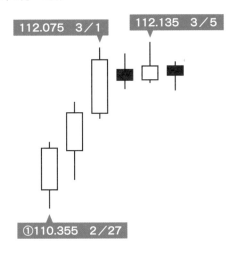

112.075　3／1

112.135　3／5

①110.355　2／27

図20. ドル円の1時間足

〈ドル円　1時間足　2019年2月27日〜3月6日〉

112.075　3／1

112.012　3／4

⑤112.135　3／5

111.921　3／6

111.491　2／28

②111.640

③111.640

④111.787

111.071　2／27

①110.355

直近安値を下抜けた

下落に転じる可能性

む動きはありませんでした。常に高値を更新し、安値を切り上げています。ダウ理論の上昇トレンドになっていることがわかります。

　３月１日の押し（○部分）と、３月４日の安値は同値111.640（**図内②③**）でした。３月４日の高値は３月１日を超えておらず、高値を更新していませんが、安値も更新していません。３月４日の値動きは３月１日の値幅の中にあります。３章でご案内した相場が迷っている状況を示すローソク足**３章図20**の**③**と同じです。

　このため、この１時間足の転換点は、３月５日に３月１日の高値を更新した際の直近安値111.787（**図内④**）です。翌３月６日にこの直近安値を下抜けたため、ドル円は上昇が止まり下落転換の可能性がでてきます。これで３月５日高値112.135（**図内⑤**）を上抜けない限り、１時間足は下落の動きに転換することになります。

　早いタイミングで相場の転換点を探し、天井や底を見つけるためには、このように短い時間軸のレンジを確認していきます。ただし、時間軸を短くするということは、チャートチェックも細かくすることになります。

　現実には、これがなかなか大変です。チャート画面に張り付いていなければならないからです。そのうえ、自分がチャートを見ている時間中に、相場が都合よく動いてくれるとは限りません。だから私は前著で兼業の人には日足をおすすめしています。

≫長い時間軸の動きを見て慎重に取引

　図19と**図20**でもうひとつ注目してほしいのは、１時間足のレンジがそのまま日足の高値と安値である場合が多い、ということです。１時間足チャートを再び日足にして、１時間足でレンジの高値と安値に引いたラインを残しておくと、次ページの**図21**のようになります。

　見てのとおり、１時間足で見つけたレンジは、ほとんどが日足の高値と安値になっています。違うのは１時間足で３月５日の転換点と

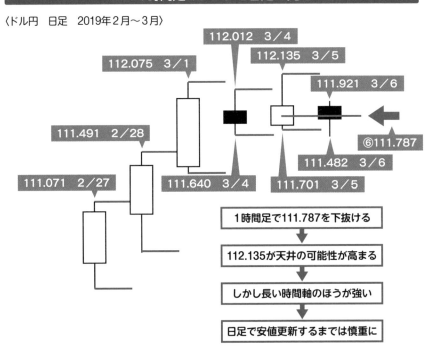

図21. 1時間足のレンジを日足で見る

〈ドル円　日足　2019年2月～3月〉

112.012　3／4

112.075　3／1

112.135　3／5

111.921　3／6

111.491　2／28

⑥111.787

111.482　3／6

111.071　2／27

111.640　3／4

111.701　3／5

1時間足で111.787を下抜ける

↓

112.135が天井の可能性が高まる

↓

しかし長い時間軸のほうが強い

↓

日足で安値更新するまでは慎重に

なっている111.787（**図内⑥**）で、これは３月５日の日足の値幅の中
にあります。

　ただ、この日足の中にある転換点は、翌３月６日に３月５日安値を
下抜けた時点で強化されます。１時間足での転換点は、日足では単に
１日の中のひとつの値段に過ぎず、日足を見ているトレーダーからす
れば、それまでずっと安値を切り上げてきた動きが３月５日の安値を
下抜けたことで切り替わったことのほうが注目されるからです。

　このため、実際の取引の際には、１時間足の転換点となる111.787
の下抜けで３月５日高値112.135が天井となる可能性が強まります
が、３月５日安値111.701を下抜け、**日足が安値更新するまでは慎重**
になります。**１時間足より日足のほうが強い**からです。逆にこのリス
クを取って早く相場に入るから利幅が増えます。

図22. 前後の値動き

〈ドル円　日足　2019年２月～４月〉　図21の前後のチャート

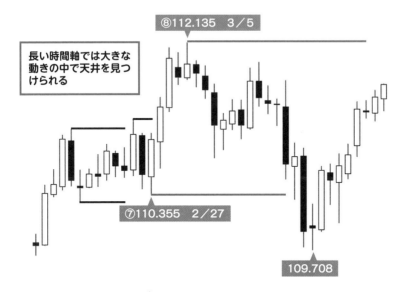

⑧112.135　3／5

長い時間軸では大きな
動きの中で天井を見つ
けられる

⑦110.355　2／27

109.708

それでも、日足でレンジを見ていると、**図22**のように２月27日安値110.355（**図内⑦**）と３月５日高値112.135（**図内⑧**）のレンジの中で天井を見つけることができています。

このように**時間軸の使い方を知っているとレンジの中でも論理的な取引をすることができます。**

兼業の人は
日足がおすすめ

起こりやすい局面を知っておく

トラップを回避しながら
利用する戦略を考える

≫調整局面はトラップのリスクがある

　ここまでの調整の動きの事例を読む中で、気づいた人もいるでしょう。時間調整の場面では、ブルトラップやベアトラップが出現することがあります。こうした**トラップを仕掛ける側にとっては、調整局面はチャンス**だからです。

　トラップを仕掛ける側は、どこでも仕掛けられるわけではありません。**図23**であれば、高値Ｈ２を上抜けて、上昇すると思われたところで大玉の売りを仕掛けるので、リスクの高い逆張り戦略です。レンジの上抜けで多くの買い手がいれば、売り手はすぐに串刺しです。ということは、トラップを仕掛ける売り手は、買い手の勢力に吸収されにくい場面で仕掛ける必要があります。それは流動性が低い場面ということです。

　調整相場が続いて、売り手も買い手もポジションが整理され、流動性が下がっているからこそ、何かの拍子に高値を上抜けレンジブレイクした機会を使って、売り仕掛けします。またこうした場面では、**図23のＬ３のような狭いレンジの安値があることも重要**です。トラップで売り仕掛ける側は、このＬ３まで押し下げることができれば、ここにある**売りの逆指値を巻き込んでさらに相場を下げさせることが期待できる**からです。

　短い時間軸では長い時間軸よりトラップが出現しやすく、ダウ理論のレンジが効きにくくなる場面があるのも同じことです。短い時間軸

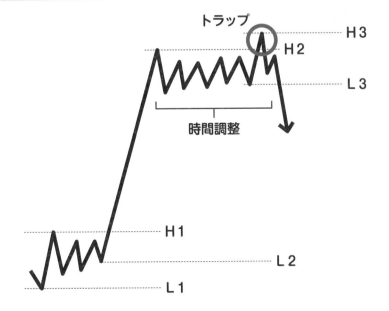

図23. ブルトラップ

は長い時間軸に比べて流動性が低くなるのは、２章で壁の強度として説明をしました。この時間軸による流動性の低下に加え、時間調整でさらに流動性が低下していれば、逆張りが仕掛けやすくなります。この結果、時間軸が短いほど、レンジが維持される精度が下がりやすくなってきます。

　もちろん、ベアトラップはこの反対の動きです。

≫トラップが起こりやすい場面を知っておく

　具体例のひとつを豪ドル円の15分足で見てみましょう。チャートは2019年４月16日の豪ドル円の15分足です。次ページの**図24**のこのときの豪ドル円は80.382（**図内①**）から79.905（**図内②**）まで約48pipsを２時間ちょっとで下げて行きます。これは10時30分に４月２日分のＲＢＡ（オーストラリア準備銀行）議事録が公表され、このタイミングで豪ドルが売られました。

図24. ベアトラップの例

〈豪ドル円　15分足　2019年4月16日〉

①80.382

80.379

ベアトラップ

安値をわずかに
更新したあと、急騰

②79.905

79.891

　こうした場面をライブで見ていると、急に下げる動きになるので、成行で飛び乗りたくなってしまいます。これはいけません。戦略がないからです。相場を仕掛けるなら経済指標の発表前にレンジを探して冷静に逆指値を置きます。目の前の値動きだけに集中せず、まずはレンジがどこにあるかを探すのがチャート分析の基本動作です。

　この下落の動きは79.905の安値を付けた後、少し戻しますがその後はこう着し、急落後の時間調整になってきます。そして時間調整ということは、売り手や買い手のポジションの整理が行われて、次に安値を更新した後に、これがベアトラップとなって反転上昇する可能性を考えておくことができます。

　すると、チャートのとおり、79.905の安値を付けた足から30本後

図25. 1時間足チャートで見たベアトラップ

〈豪ドル円 1時間足 2019年4月16日〜17日〉 図24の1時間チャート

80.382
80.379
79.905
79.891

（7時間半後）にこの安値を下抜けます。しかし、下落は続かず次の足は陽線となり上昇しますが、その後2本陰線が出て79.891まで下げます。この4本の動きに相場の迷いが読み取れます。

　最初のRBA議事録で下げた安値79.905からわずか1.4pipsしか下げずに、ここから値動きは反転上昇して、この79.891の安値はベアトラップとなりました。

　この豪ドル円の動きを1時間足にしたものが、**図25**です。

　1時間足では、RBA議事録というヘッドラインで急落した動きを取戻し、結局は上昇していきました。

　このように、**トラップが起こりやすい場面や、そうした動きが可能となる理由がわかっていると、あらかじめ戦略を立てることができます。そのためには、すべての基本となる値動きを理解するのが大切だということです。**

　相場の値動きに興味のある人は、『ずっと使えるFXチャート分析の基本』もあわせてご参照ください。

どこまで遡りチャートを読むべきか
チャートを右から左へ
「検算」する

≫過去の転換点はどのように探すのか

　本書の改訂に合わせて、過去にあった相場の壁をどうやって見つけるか、その方法、考え方について新たな**項目を書き加えました**。

　私の本に関して、読者の方からいただく定番の質問があります。それは「過去の転換点の探し方に関連するもの」です。

　オフ会などでお会いした人や、ツイッター（@maru3rd）やブログ（虹色ＦＸ）へいただくコメントでも、この点についての質問が一番多いように思います。

　例えば、「トレンドを見つけるには、日足なら何日ぐらい前からチャートを見直したらよいか」「ローソク足何本前からチャート分析をしていけばいいか」というような質問が寄せられます。

　こうした質問の意図を推察すると、何本か前のローソク足からチャートを見るということは、**チャートを左から右へ見るための起点をどこにしたらいいのか**、ということなのでしょう。つまり、**いつまで過去に遡ってからチャートを読めばいいのか**、ということだと思います。

　これは確かにもっともな質問です。相場解説の書籍を見てみると、チャートは左から右へ解説するのがほとんどです。つまり、過去から現在、過去から最近への時系列に沿った説明です。実際、本書でも、

ほとんどのチャート図はこのように説明しています。

こうしたチャートの左から右へ向かう解説ばかりを読んでいれば、どこか任意の過去の時間に戻ってそこからチャートを見直す、と考えやすいのでしょう。

≫いつまで遡るかは状況による

ただし、任意の過去に遡ったうえで、左から右へチャートを見ようとしても、そもそも、その**見始めた「任意の過去」の時点が「相場の過去の流れ」と合っているとは限りません。**これが問題です。そして、チャートの読み違えが起こるとしたら、原因はここにあると思います。「相場は生き物」といわれるように、相場状況はいつも変化しています。そのため、定量的に何本前、何日前から見直せばいいということはいえません。また、自分ルールで「何本ぐらい前へ遡ればいいかを決めておく」こともおすすめしません。遡る期間が短ければトレンドの変化を見つけられないかもしれないし、相場状況を正しく把握できていないかもしれません。

また、逆に期間が長ければ遡らなくてもいい過去まで戻って値動きを確認していくので、手間がかかります。常に状況が違う金融相場を単純にパターンにあてはめようとすれば、失敗しやすくなります。

私自身の経験でも、ときにはとても大きな値幅のレンジになっていて、かなり過去へ時間を遡らないと本当のレンジが見えてこない場合があります。

このようなときは、大きなレンジの中なので、なかなか値動きの方向感が定まりません。売っても買ってもうまく利益にならないような場面です。「難しい相場」といわれるのは、こうしたレンジの中にあるときです。だからレンジの把握が大事です。

また、こうした状況では損切りの置き場が決めにくくなります。直近の値動きだけを見ているとダウ理論が機能していないように見えて

も、実際は適切なレンジを見つけられていない場合もあるわけです。適切に過去に遡って値動きを確かめないと、無駄な損失を生んでしまいかねません。

≫過去に遡って転換点を探す

そこで今回お伝えしたいのが、チャートを見る時には現在のローソク足から過去に遡って転換点を探す方法です。いわば、**チャート分析の検算**です。

私のシリーズ本をお読みの方は十分にご理解いただいていると思いますが、現在値から直近の転換点を探すことは、取引戦略を立てるうえで不可欠です。また、こうしたチャートの遡りを何回か繰り返すことで、**過去のレンジがどのように繰り返されてきたのか、どこで相場が転換してトレンドができてきたのかを確認**できます。これらは、2章でもお話したとおりです。

取引戦略を考えるためにチャートを見る場合、**過去から現在に向けてローソク足の値動きを追うこと（チャートを左から右へ読む）と、現在から過去へ相場を遡って値動きを検算的に追うこと（チャートを右から左へ読む）の両方が必要**なのです（図26）。

つまり、チャートの動きを分析するには、過去から現在に向けて値動きを見ることと同様に、現在から過去に向けて見ることの両方が自在にできる技術を持つことが望ましいのです。

また、このようにローソク足を過去に遡っていくことで、転換点を見つけることはもちろんのこと、転換点ではなかったとしても、相場の壁となる部分が見つけやすくなります。

そして、こうした場所（転換点、相場の壁）が損切りや利確目標値を設定する候補になります。チャート分析を検算できると、取引戦略の幅が広がるわけです。

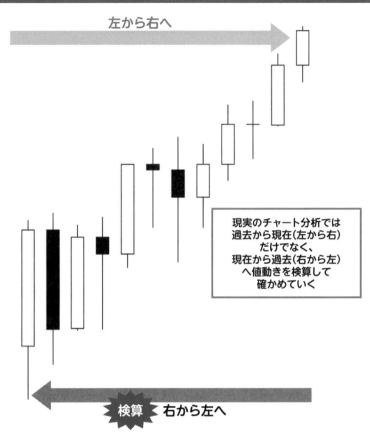

図26. 右から左へ値動きを検算していく

左から右へ

現実のチャート分析では
過去から現在(左から右)
だけでなく、
現在から過去(右から左)
へ値動きを検算して
確かめていく

検算 右から左へ

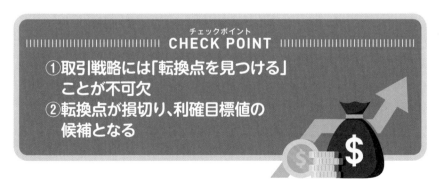

チェックポイント
CHECK POINT

①取引戦略には「転換点を見つける」
　ことが不可欠
②転換点が損切り、利確目標値の
　候補となる

Section 10

逆向きに置き換えて考える

ダウ理論のトレンドの定義を検算する

≫過去の転換点はどのように探すのか

まずは、基本となるダウ理論のトレンドの定義を確認しておきましょう。

ダウ理論がすべてのテクニカル分析の基本であることは、これまでの拙著でも説明してきました。その点を理解することが、あらゆるテクニカル分析ツール（テクニカル指標）を使ううえでも大切なことです。

あらためてダウ理論をおさらいしておきましょう。

図27. ダウ理論の基本

上昇トレンド＝高値を更新し、安値を更新せず

下落トレンド＝安値を更新し、高値を更新せず

高値更新や安値更新がなぜ重要かといえば、これがあらゆる相場で値段が動く基本的なしくみだからです。

値段が上がる理由は「買い手が売り手より強い」という一点だけですし、下がる理由も「売り手が買い手より強い」だけです。これ以外

の理由はすべて推測で、事実ではないからです。

　一方、安値や高値を更新してはならないのも、考え方は同様です。高値を更新したのに安値も更新した、または安値を更新したのに高値も更新した、という状況は、売り手と買い手のどちらが優勢なのかがわからなくなったということを示しています。

　この時点でこの後、値段が上がるのか下がるのかがわからなくなりますから、上昇トレンドなら安値を更新してはいけませんし、下落トレンドなら高値を更新してはならないわけです。

　こうした値動きの原理ともいえるしくみがあるので、ローソク足を現在から順に過去に遡ったとき、**最初に見つけた転換点が安値なら現在値はこの安値から上昇している過程**にあります。

　一方、最初の転換点が**高値なら、現在値はこの高値から下落している過程**にあります。ただし、それがレンジの中の動きなのか、トレンドの中で一時的に戻している動きかどうかは、１つの転換点を見つけただけではわかりません。

　そこでさらに値動きを遡ると、次の転換点が見つかります。この２個前の転換点と１個前の転換点、そして現在値の位置関係で、現在値がレンジ内にあるのか、**レンジを抜けて上昇または下落へトレンドが拡大しているのか**が判断できるようになります。

≫視点が違うだけで値動きは同じ

　前述のとおり、たいていの相場解説は左から右、過去から現在に向けて行われています。このためチャートを右から左、現在から過去へ遡るには、このダウ理論のトレンドの定義も逆向きに置き換えて考える必要があります。つまり、検算です。

　検算してみると、次ページの**図28**のようになります。

　検算ですから、どちらを読んでも示している内容は同じです。

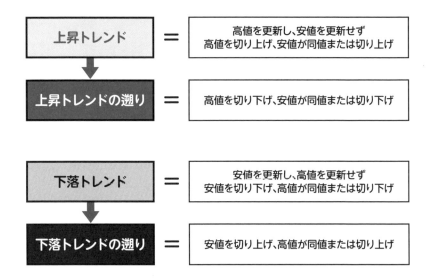

図28. ダウ理論のトレンドの定義を検算すると……

上昇トレンド ＝ 高値を更新し、安値を更新せず
高値を切り上げ、安値が同値または切り上げ

上昇トレンドの遡り ＝ 高値を切り下げ、安値が同値または切り下げ

下落トレンド ＝ 安値を更新し、高値を更新せず
安値を切り下げ、高値が同値または切り下げ

下落トレンドの遡り ＝ 安値を切り上げ、高値が同値または切り上げ

　現在の最新のローソク足から、まずは1本前のローソク足を見て、「高値を切り下げ、安値が切り下げまたは同値」ならば相場は1本前の足から現在に向けて上昇しています。

　同様に現在からみて1本前が「安値を切り上げ、高値を切り上げ、または同値」ならば相場は下落してきていることになります。

　図29の上下の図表は同じ値動きを示していますが、現在から過去を見るか（**図29上**）、過去から現在を見るか（**図29下**）、**自分の視点が違うだけで、値動き自体は同じ**です。同じ値動きを、視点を変えて確かめるから検算になりますし、自分の感情や思惑を排除することができます。

　ダウ理論はとても論理的なので、この逆向きでも定義の逆読みから外れる状況が現れたら、いったんそこでトレンドが切れていることになります。

　左から右に見ても、右から左に見ても同じ結果になるのが、論理的で迷わないダウ理論のいいところです。

図29. チャートを左から見た場合と右から見た場合

上昇トレンドの遡り

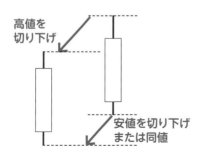

高値を
切り下げ

安値を切り下げ
または同値

下落トレンドの遡り

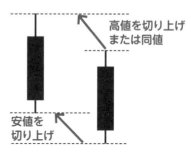

高値を切り上げ
または同値

安値を
切り上げ

上昇トレンド

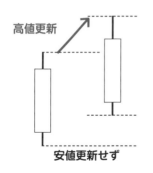

高値更新

安値更新せず

下落トレンド

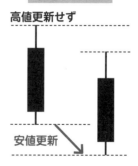

高値更新せず

安値更新

なお、もしここで迷うなら、ダウ理論の基本を十分に理解していないので、シリーズの前著に戻って読み直すことをおすすめします。

この遡りで見つかる値動きの転換点は、相場の壁のひとつです。そして壁はレンジの上限か下限になります。よって、転換点の把握は、前述のように現状を把握するだけでなく、取引戦略を立てる上で不可欠です。

取引戦略を導くための確認

安値、高値の切り下げ 切り上げを確認する

≫事例で値動きを確認する

　ここで事例（**図30**）を見ながらチャートを遡って、値動きを検算してみましょう。

　ちなみに、この事例は前著『ずっと使えるＦＸチャート分析の基本』の２章Section 9で、高値や安値を見つける事例として使ったものです。同じ事例なので、左から右にチャートを見る前著と、右から左へ見る本書で視点の違いを比較できるようにしています。ただし、検算なのでローソク足の数字の順番は逆になっています。

　現在値のローソク足①から⑤までは、高値を切り下げ、安値も切り下げており、⑤から①への動きが上昇トレンドであることが①から⑤への検算でもわかります。

≫値動きからトレンドを確認する

　注目はローソク足⑤⑥⑦です。①から⑤までとは明らかに違っています。

　まず⑤から⑥へ遡ると、安値は切り下げていますが、高値を切り上げています。ということは、ここでダウ理論の逆向きの条件から外れます。

　つまり、**上昇の動きが一度止まった形跡がある**、ということです。

　ここで通常のように左から右へ⑥と⑤で比べると、この２本のロー

図30. チャートを遡って値動きを検算する

現在値

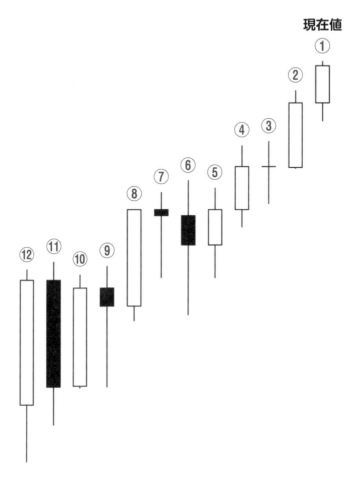

ソク足の関係は、酒田五法でいう「はらみ線」になっています。⑥の値幅のなかに⑤の値幅があり、⑥の値幅のなかで売り手と買い手が拮抗していたということです。買い手は⑥高値を越えることができず、売り手も⑥安値を下抜けさせることができませんでした。⑤は⑥から高値も安値も越えておらず、変化がないのです。

　そこで、注目は⑥と④の関係に移ります。すると⑥から④は高値を切り上げ安値も切り上げていますし、検算しても④から⑥へは高値を

切り下げ安値も切り下げています。ダウ理論では上昇トレンドになっています。

つまり、⑤が⑥の値幅のなかにあって特に意味がないことがわかると、⑥から①への**上昇トレンドは続いている**ことになります。こうしたことが自然にわかる人は、値動きのしくみを十分に理解しているといえます。

次は⑥と⑦の関係を検算してみます。

⑦は⑥より高値を切り下げていますが、安値は切り上げています。ここでも、検算ではダウ理論から外れています。⑥で⑦高値を上抜けて上昇しましたが、安値も下抜けていますから、上昇トレンドは切れています。

⑤⑥⑦の３本を見ると、⑥安値が直近の安値になっていて、いったんの底をしめしています。つまり①足から見た直近の安値が⑥にあります。もし①の高値越えで買いポジションをもつなら、⑥安値の下が損切りを置く場所になるわけです。

≫チャートは売り手と買い手の取引の結果

また、⑦と⑥の関係は酒田五法の「包み線」です。⑥では買い手が優勢になって⑦高値を上抜けていますが、売り手も優勢で⑦安値も下抜けたことを示しています。つまり、⑥では売り手と買い手のどちらが優勢かはわかりません。⑦の後⑥が「包み線」になったことで、相場の方向性は⑤がどちらに動くかで決まることになります。しかし、⑤は⑥と「はらみ線」なので先行きは決まりません。結局④が⑥高値を上抜けて、上昇していきます。つまり、相場が⑥からのこう着状態から買い手優勢になったことを示しています。

このように、**チャートは売り手と買い手の取引の結果ですから、売り手や買い手がもみ合った場所をチャートから探すことが最も大事です**。売り手や買い手が一方的ではない状態、つまりトレンドが切れた

状態、短期的にレンジになっている状態を探すことができると、**その後の動き出しで仕掛けられますし、損切りも狭くできるからです。** この場合なら⑥高値の上での買い、安値の下での売りを仕掛けることができます。

その後、⑦から⑫まで安値は切り下げが続いていますが、高値切り下げは⑦から⑩までです。⑪高値は⑩高値より高くなっており、ここで条件が崩れています。この⑨⑩⑪の関係は前述の⑤⑥の関係と同じ、「はらみ線」です。⑪と⑧を比較すると、高値更新安値切り上げで上昇しており、⑪から⑧へは上昇が続いています。そして、⑫は⑪より高値も安値も低く、結局⑫から①へ上昇トレンドが続いていることになります。

こうした値動きを、前著「FXチャート分析の基本」では、ローソク足を束ねて説明しました。ローソク足を束ねることを理解していると、はらみ線や包み線も理解しやすくなっているはずです。

≫取引戦略を導き出すために転換点を探す

このように、値動きを現在から過去へ遡って検算していくと、①から⑫のなかで、転換点（つまり下落に転じる）となる可能性のあったローソク足は⑥ということになります。ということは、現在値で買いポジションを持つなら損切りは⑥安値の下に置くことになります。

また、⑥安値を割ったら反転下落の可能性を考えることになります。こうして、転換点から壁を使った取引戦略が導かれていくわけです。

今回の事例は上昇してきた値動きを高値から遡っていますが、下落の値動きでも同じことです。

直近のレンジだけでは方向性は掴めない

相場の転換点を
過去に遡って探す

≫2つ転換点を探すことが重要

　ここまで述べてきたように、チャートを現在から過去へ遡って値動きを検算していくとき、**過去の転換点は最低でも2つ見つけなければなりません。**

　2つの転換点、つまりどこかの高値と安値、または安値と高値の組み合わせが直近のレンジとなるからです。そして、この**2つの転換点と現在のローソク足の高値と安値の位置関係で、現在の相場状況が見えてきます。これではじめて取引戦略を考えることができます。**

　この関係には大きく2つのパターンがあります。それは現在値がレンジ内の場合と、すでにレンジブレイクしている場合です。

　まずレンジ内の場合ですが、遡って見つけた最初の転換点①と、そこから反転してさらに遡った先にある2つ目の転換点②の間に現在値があれば、現在は①と②のレンジ内で推移しています。ダウ理論では明確な方向感はありません。①と②の高値か安値を抜けないうちは、どちらに動くかわからないからです（**図31**）。

　なお、こうした場合に他のテクニカル指標を併用して方向性を判断する方法があることは、すでに説明したとおりです。

　次に、レンジブレイクの場合です。202ページの**図32**をご覧ください。

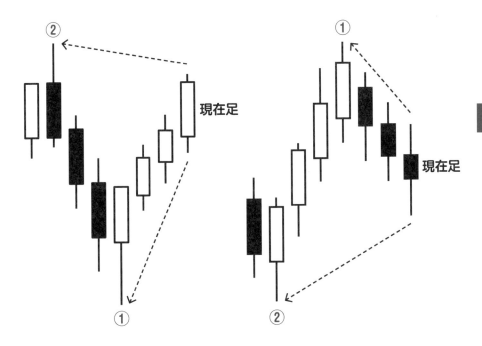

図31. 現在値がレンジ内の場合

② ①

現在足

① ②

現在足

　最初の転換点が現在値より安く、さらに２つ目の転換点も現在の
ローソク足の高値より安ければ、現在値はすでにレンジを上にブレイ
クしているので、上昇過程にあることがわかります。

　また同様に、最初の転換点が現在値より高く、さらに２つ目の転換
点も現在値より高ければ、現在の動きはレンジを下にブレイクして下
げていることが明白です。

　こうした基本的なしくみを知っていると、単純に現在のローソク足
の高値と安値から左を見て、**直近の転換点の高値安値と現在値を比較
することで相場の現状がおおまかに見えてきます。図31、図32の矢**
印点線の視点を持つことで、過去の転換点が簡単に見つかります。

　ただ、ここで注意したいのは、前項のようにローソク足をざっと見

図32. 現在値がレンジブレイクしている場合

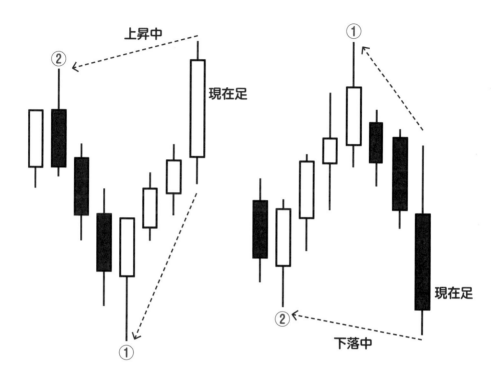

たとき、それがトレンドに見えていても、1本1本のローソク足の値段をよく見ると途中でいったん切れていることがある、ということです。上昇や下落の流れに見えても、途中に前項のように「はらみ線」や「包み線」などがあれば、そこで一旦トレンドは切れます。だから**単に目立つ高値や安値を見つけるだけでなく、その間の値動きもきちんと見るチャート分析の基本的知識と技術を持っていることが大事**になってきます。

≫直近のレンジを見るだけでは不十分

ここまでの説明の具体例として2022年10月から11月のAUDUSD日足を見てみましょう（**図33**）。

図33は一番右の十字線ローソク足が11月1日なので、11月1日の時

図33. まず直近の転換点を確認する

〈豪ドル米ドル　日足　2022年10月～11月1日〉

点でチャートを見ていることになります。

　すると、11月1日時点では、まだ日足の終値が不確定な11月1日ではなく、終値が確定している10月31日のローソク足から過去の値動きを遡っていきます。

　10月31日の高値と安値からそれぞれ左を見て過去の高値安値を遡ると、まずAの高値が見つかります。

　そして、さらに過去に遡るとBの安値が見つかります。この10月31日からAへの遡りも、AからBへの遡りも、前述のダウ理論の逆読みの条件通りで、それぞれが直近の高値と安値であることがわかります。

　注意しなくてはならないのは、ここからです。

　上の**図33**のように**過去の2つの転換点（直近の高値と安値）を見つけただけだと、それが転換点かどうかはわかりません**。明白なのは、ひとまず現状が安値B高値Aのレンジ内だということだけです。そこ

5

すべての技術を使いあらゆる場面でトレードする

図34. さらに遡って転換点を確認する

（豪ドル米ドル　日足　2022年9月20日〜11月1日）

　に至る相場の動きが下落なのか上昇なのかがわかりません。そこで、これだけの限られたチャート分析ではＡの上に買い注文、Ｂの下に売り注文を出すことになります。

　上記の**図34**は、前ページの**図33**をさらに左（過去）へ広げたチャートです。

　これを見ると、直近高値Ａより高い高値ＦやＧ、そして最後のＪが見つかります。安値も同様に直近安値Ｂより安いＥも出てきます。

　最初はＢＡでレンジだと思ったものが、さらに過去を見るとＦＥのレンジ内だということがわかります。そこで、このより広いレンジＦＥのなかに転換点が隠れていないかを確かめます。もし転換点があれば、ＦＥのレンジが成立しないからです。

すると、Ｆから下落トレンドになっていることがわかり、ＥからＦ
へ遡って検算しても同じです。この検算で、現在値は、この高値Ｆと
安値Ｅの間のレンジ内であることが判明します。

　ということは、最初に見つけた高値Ａや安値Ｂを抜けても、ここは
レンジの壁ではなく、単にＦＥのレンジ内にあるただの高値や安値に
過ぎないので、たいして動かない可能性が強い、または押し戻される
可能性がある、ということになります。

≫ローソク足をまとめて考える

　前著『FXチャート分析の基本』で説明したように、ローソク足を
まとめてみてみると、このことがよりわかりやすくなります。

　ＦＥのレンジのほうが、ＢＡのレンジより広いということは、ＦＥ
を１本のローソク足として、ＢＡを１本のローソク足とすると、この
２本の関係は、「はらみ線」です。つまりＦ高値かＥ安値を抜けない
うちは方向性が出ないということです。

　なお、現実の取引では私はＦ高値ではなく、Ｇ高値を上限と考えま
す。ＦとＧの差はわずかなので、理論上はＦ高値を越えれば上がるこ
とになりますが、Ｇ高値の上抜けで考えた方が堅実でしょう。

　また、上の壁はＧＦＡが少しずつ切り下げてはいますが、近いレベ
ルで並んでいます。ということは、これらの付近には相場の壁があり、
それは比較的強い壁であることが想像できます。簡単には上抜けしに
くいことと、上抜けできれば大きく上昇していく可能性があることが
推測されます。

　下の壁Ｅは1点で、下抜けしやすそうですが、Ｅ安値をつけた後は
徐々に切り上げて次の安値Ｂができており、買い手が強まっている可
能性も考えることができます。つまり、どちらかといえば、上がりや

すい可能性が考えられます。

　実際のその後の値動きが**図35**で、11月8日の動き（陽線）でＡを
上抜けますが、この動きは上ヒゲとなり、翌日は陰線となって下げて
しまいます。さらにその翌日の11月10日も下げますが、その日のう
ちに下げ止まって上昇し、高値Ｇを上抜けてから一気に上昇し、ロー
ソク足は大きな陽線になっています。やはりここのＧ付近に壁があっ
たということです。

　このように、**チャートを遡る際に、直近のレンジだけを見ていると、
適切な転換点を見つけられなくなります。**

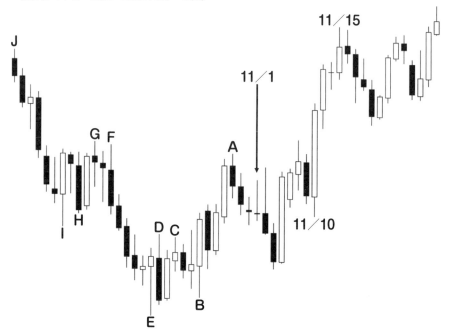

図35. その後の値動きで壁があったことがわかる

（豪ドル米ドル　日足　2022年9月〜12月）

値動きのしくみには普遍性がある

ディナポリのDMAを使った高値安値の見つけ方

≫突出した高値安値を探す

前項の豪ドル米ドルの例を見てもわかるように、チャートの高値や安値となるのはその前後のローソク足より突出した値です。その値段から1本前と1本後のローソク足を見渡したとき、抜きんでています。

そこで、前ページの図（**図35**）で豪ドル米ドルでAからJまでつけたように、チャートの高値安値をあらかじめチェックします。

このとき、安値は高値と次の高値の間の反対側（つまり下）にありますし、高値は安値と次の安値の反対側（つまり上）にあります。基本的にこの高値と安値がレンジとなり、1つのセットです。

ただし、現実のチャートでは豪ドル米ドルの事例にあるように高値AとFの間に安値BとEがあったり、逆に安値BとEの間に高値CとDがあったりします。そのため、チャートを検算してトレンドを確認する技術が必要になってきます。

このように、**大まかに高値や安値を把握したうえで、それぞれの間のローソク足が理論通りトレンドになっているかを確かめる**、という方法もあります。

≫ディナポリの３×３ＤＭＡを使う

もうひとつ、先ほどの豪ドル米ドルの事例で簡単に高値や安値を探す方法をお伝えしましょう。拙著『１日２回のチャートチェックで手堅く勝てる兼業ＦＸ 改訂版』でも紹介している、ディナポリのＤＭＡを使う方法です。

ジョー・ディナポリは米国人個人投資家で、彼の作成したディナポリ・チャートは、私がＦＸを始めたころにはＭＴ４に標準搭載されているくらい広く普及していました。

彼の移動平均線は一定期間、時間を先行させる特殊なもので、「ずらした移動平均線」（ＤＭＡ＝Displaced Moving Average）と呼ばれます。特に**３×３ＤＭＡは前ページの図37のように、チャートの高値安値が移動平均線の上側下側に現れて、探しやすくなります。**

さて、**図36**を見ると、11月1日時点では、３×３ＤＭＡの上側にＡＦＧＪ、下側にＢＥＨＩがあります。高値側は、ＡとＦＧが分かれていて、さらに先にＪがあります。このため、直近の高値がＡ、そのさらに過去の高値がＦＧのどちらかで、Ｇの方が高いので、高値Ａより前の高値はＧ、そして、Ｊという並びがわかります。

安値側も同様に、ＢＥＨＩのなかで最も安いＥが直近安値となり、その次はＨＩですがＩの方が低いのでここの安値はＩとなります。よって、ＪＩのレンジ、ＧＥのレンジと下げてきて、直近高値ＡはＧを越えていないので、現在値はＧＥのレンジ内にあることがわかります。なお、ＧよりＦの方が直近なので、理論的にはＦＥとなりますが、前述のように現実的なＧＥでも問題ないということです。

このように、ディナポリのＤＭＡを使うと高値安値を探しやすくなります。ただし、結局はテクニカル指標のひとつで、つまり値動きの

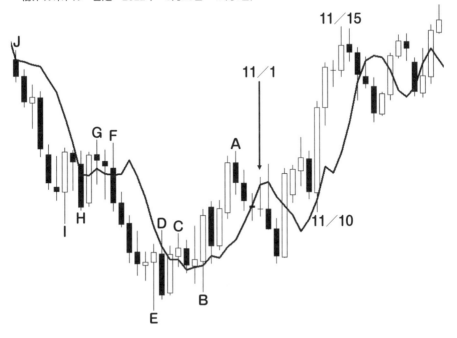

図36. ディナポリのDMAを使うと高値安値を探しやすい

〈豪ドル米ドル　日足　2022年　9月20日〜12月1日〉

11／15

11／1

11／10

J

G F

H

I

D C

A

B

E

結果を線で描画しているだけです。よって結果は、Section9から説明したダウ理論を検算する方法でチャートを遡ることと何ら変わりはありません。

　またチャートを遡ることで重要なのは、単に高値や安値を見つけることではなく、**現時点から見て適切な高値と安値を見つけて、レンジを把握したり、現在の相場状況を認識すること**です。

　ここを間違えると、買ってもあまり上がらず戻されたり、売っても大して下がらず戻ってくる、ということが起こります。それらの高値と安値は、さらに過去にあるより広い値幅のレンジ内の高値や安値であって、そこを越えても相場は傾かないからです。

≫値動きには普遍性がある

　もうひとつ事例を見てみましょう。

　下記の**図37**はドル円の日足で、先ほどの豪ドル米ドルと同じように2022年11月1日時点でチャート見た場合です。

　ローソク足だけのチャート（左側）でも、３×３ＤＭＡを表示した場合（右側）も、直近のレンジはＡＤで下向き。その前はＤＥのレンジで上向きでしたが、レンジがＤＣになった時点で転換していることがわかります。このように上昇トレンドが転換して下向きになった場合は、過去の上昇トレンドの安値（ＥＦＪ）などがこの先の下落の動きを止める可能性のある壁となることが推定されます。

　この値動きの先の壁を見るためにドル円チャートの範囲を過去方向に広げると、右ページの**図38**のようになります。

図37. ローソク足チャートと３×３ＤＭＡを並べて見る

〈米ドル円　日足　2022年10月〜11月1日〉

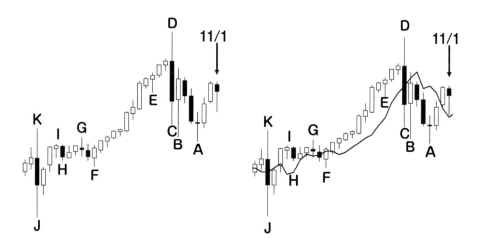

図38. ドル円チャートの範囲を過去方向に広げてみると……

〈米ドル円　日足　2022年7月〜11月1日〉

　ここではすべての高値安値をチェックしてアルファベットをふって
います。こうした値動きの確認が壁を見つけるうえで大事なのは、本
書の２章で詳述の通りです。

　初版を執筆した2019年の事例と同じことが、2022年の事例でも
まったく同じように働いている点に注目してください。**ダウ理論や値
動きのしくみには普遍性があるので、こうした過去の値動きを把握す
ることが大事**なのです。しかも米ドル円は、この３年の間に45円も
暴騰して相場が大きく変わったにもかかわらず、値動きのしくみは変
わらないのです。

　次ページの**図39**は、過去の安値から、今後の下落の動きで壁とな
る部分に水平線を引いたものです。

　Ｆは一気に下抜けていますが、Ｊは突出した安値だったことから、

図39. 下落の動きで相場の壁となる場所

〈米ドル円　日足　2022年8月〜12月〉

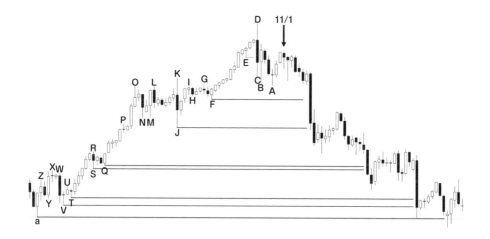

　この付近が厚い壁となっていて、しばらくもみ合っています。ここで売り手が減ったり、買い手が現れたりしているということです。

　その後、このＪ付近のもみ合いを下抜けた後は、次の目途であるＱとＳの付近まで下げて、ここで再びもみ合っています。

　このように、過去の安値を把握しておくことで、一気に突破してしまえばそれでもいいのですが、下げ止まるような動きが出れば、そこが大きな相場の壁となっている可能性が考えられます。

　相場で利益を得るために大事なのは、**どこの値段を越えると売り手と買い手の勢力がどちらに傾いて相場が動き出すか**、ということです。

　私の書籍はいずれもこの考え方を根本にして段階に応じて説明しているので、ご興味のある方は他書も読んでみてください。

戦略を確立し、さまざまな場面で収益を狙う

本書やこれまでの拙著で説明したように、相場で利益を得るには、さまざまな合理的な可能性を考えて準備しておくことが必要です。根拠が不明瞭な運に頼った取引では継続的利益につながりません。

相場の壁を見つけ、時間軸を把握し、値動きの可能性を推論して準備するのがチャート分析です。

相場の動きは常に矛盾に満ちています。長い時間軸の相場の壁は厚く強力なので、まずは止められる可能性を考えます。しかし突破すれば大きな動きになる可能性を秘めています。そして、壁で止まるかどうかは、市場に参加する売り手と買い手のどちらが強いかで決まるので、誰にもわかりません。

壁を利用して上昇トレンドを天井近くまでキッチリ取り、その後の反転下落も早い段階でポジションを持てると、利幅は最大化していきます。ただ、現実のトレーディングは簡単ではありません。相場の動きは誰にもわからず、未来を予想するのは不可能だからです。

だから、相場の壁を使ってさまざまな仕掛けをして、どのように動いても対応できる資金管理を含めた取引戦略が合理的です。

ＦＸや金融投資とは、お金を働かせることなので、自分にとっての有効な戦略が確立していれば、さまざまな場面で収益を狙うことができます。

世界で通用するチャート分析の技術は、自身だけでなく子どもに引き継げる大切なあなたの無形資産です。

投資を楽しみながらトレード技術の習得に努めていきましょう。

改訂をおえて──

　初版発売の2019年11月から約３年半が経過しました。発売直後に新型コロナウイルスが出現し、世界はパンデミックに見舞われ、多くの人がダメージを受けました。2022年には平和だったウクライナにロシアが侵攻。美しい街並に戦火が広がり、廃墟と化しました。この戦争で自由主義諸国と権威主義諸国の対立が先鋭化し、東西冷戦が再燃しそうな情勢です。1989年の冷戦終結から始まったグローバル経済の時代は終わるのかもしれません。インフレの足音が聞こえてきます。

　この３年半で、「私たちの未来は、誰にとっても不確実で、明日何が起こるかわからない」ということを多くの人が思い知らされたのではないでしょうか。

　そんなときでも金融市場は動き続け、お金は働き続けます。私たち投資家やトレーダーにとっては、値動きが大きくなり収益チャンスが増えたように感じます。

　今回の改訂に際して初版を何度も読み直し、わかりにくい部分や誤解を与えかねない部分はバッサリと削除し、新たな項目を書き加えました。そして、この荒れた３年半の市場を振り返っても、本書で説明した投資の技術が有効なことを再確認しました。

　人生には常にリスクが伴いますが、投資のリスクは「壁」で可視化できます。値動きの基本を知り、壁を活用して収益を増やす「億り人」の参考となれば幸いです。

　2023年３月

　　　　　　　　　　　　　　　　　　　　　　　　田向宏行